TOM FRANZ
So schmeckt Israel

TOM FRANZ
So schmeckt Israel

Meine Lieblingsrezepte aus der israelischen Küche,
gewürzt mit einer Prise Heimat

Mit Fotos von Dan Peretz
und Textreportagen von Gil Yaron

AT Verlag

Inhalt

Vorwort

Dieses Buch, liebe Leserin, lieber Leser, ist meine Hommage an meine Wahlheimat Israel. Es ist meine persönliche Sammlung von Rezepten, eine Sammlung, die seit meinem ersten Besuch in Israel vor nunmehr fast einem Vierteljahrhundert und während mittlerweile insgesamt über zehn Jahren, in denen ich in diesem wunderbaren Land lebe, entstanden ist. Die Rezepte zeigen, dass die israelische Küche in jeder Weise ihre Spuren hinterlassen hat. Man kann sich den Gerüchen der Märkte nicht entziehen. Es sind Oasen für alle Sinne, und man ist überwältigt von der Vielfalt des Angebots an Gewürzen und der Fülle an Obst und Gemüse. Dazu begegnete ich einer Vielzahl jüdischer kulinarischer Traditionen, verschiedenen nationalen und regionalen jüdischen Küchen, die meine eigene Küche heute ebenso prägen wie die vielen Einladungen bei Freunden zum Essen, bei denen ich immer wieder dazulerne.

Während des »Masterchef«-Wettbewerbs von Israel habe ich des öfteren Gerichte aus einer anderen Küche präsentiert, die genauso die meine ist. Ich, von Geburt Rheinländer und dort auch aufgewachsen, bin der Sohn einer Mutter, die eine begnadete Köchin ist und die meine kulinarischen Vorlieben wie niemand andererbeeinflusst hat. Meine Eltern haben mir gezeigt, dass nur frische Zutaten die Basis einer guten Küche sind. Dass sie mich die Achtung vor der Natur gelehrt haben, dafür bin ich ihnen zutiefst dankbar. Sie haben meinen ungewöhnlichen Weg immer unterstützt, auch wenn meine Entscheidungen nicht immer ihren Erwartungen entsprachen. Das werde ich nie vergessen.

Somit haben sich in mir und meinen Rezepten zwei Seiten vereinigt: die Küche meiner Heimat, der man »ansieht«, dass sie ursprünglich deutsch bzw. »rheinisch« war, bevor ich sie sozusagen israelisiert habe. Schmecken Sie mit mir Deutschland und Israel auf dem Teller. Genießen Sie Gerichte aus meiner israelischen Küche, die ich immer wieder mit einer Prise Heimat würze.

Zum Schluss, aber doch zuallererst danke ich meiner wundervollen Frau Dana, die an mich geglaubt und mich überredet hat, am »Masterchef«-Wettbewerb teilzunehmen, und ohne deren unendliche Liebe und selbstlose Unterstützung ich nicht der Mensch wäre, der ich heute bin – und der nicht das tun würde, was er am liebsten tut und am besten kann: leckeres Essen für liebe Menschen kochen.

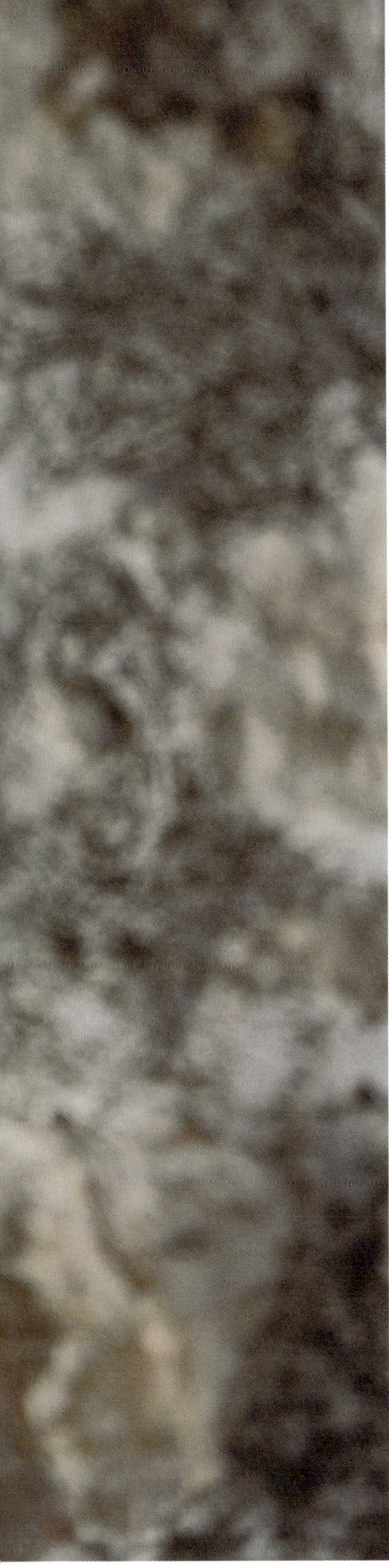

TOM FRANZ

Israels Masterchef

So sieht das also aus, wenn man Zwiebeln wie ein Profi schneidet. Als tanze er mit seinen Fingern Ballett, huscht Thomas Franz' Hand über die Wurzel. Das scharfe Messer mutiert zum Dirigentenstab, der im schnellen Stakkato aus dem glockenförmigen Gemüse gleich große Würfel zaubert. »Zuerst entfernt man die Schale und halbiert sie längs von der Wurzel bis zur Spitze. Die meisten machen dabei die Wurzel ab. Fehler!«, erklärt der 1,95 Meter hohe blonde Hüne mit einem gewinnenden Lächeln. Das erfolgreiche Zerlegen einer Zwiebel bedarf einer exakten Vorbereitung. Die Zwiebelhälfte sollte nur bis kurz vor die Wurzel längs in Streifen geschnitten werden, so dass sie noch zusammengehalten wird. Dann erst sollte man quer zur Faser schnipseln und die Wurzel wegwerfen. Als handle es sich um ein wissenschaftliches Experiment, hat Tom diese Bewegungsabläufe wochenlang einstudiert. Nicht nur das Zwiebelschneiden. Meistens kocht Tom zwar nach Gefühl, doch seine Intuition hat er durch jahrelanges intensives Ausprobieren geschärft. Zigmal testete er, wie man Süßkartoffeln im Ofen gart, bis sie süß und butterweich werden; wie heiß das Öl sein muss, bevor man Kartoffeln hineingibt, um sie so zu frittieren, dass sie außen knusprig und innen weich sind; und wie man Zwiebeln in der Pfanne schwenkt, bis »der Zucker darin karamellisiert«, ohne dass diese dabei durch seine penibel sauber gehaltene Küche fliegen.

Es ist genau diese Eigenschaft – jedem Gericht auf den Grund zu gehen, bei Zutaten nicht nur Geschichte und Geschmack, sondern auch die chemische Zusammensetzung zu kennen –, die Franz innerhalb kürzester Zeit zu einem der bekanntesten Köche Israels gemacht hat. Hier kennt ihn inzwischen jeder als »Tom« – Sieger der beliebtesten Realityshow der israelischen Fernsehgeschichte. Jeder zweite Israeli hat mit Tom beim Finale der Sendung »Masterchef« mitgezittert. Die Einschaltquote lag bei 52,3 Prozent – höher als in Deutschland bei der Fußball-WM. Ein scheinbarer Gegensatz machte Tom für seine Zuschauer so faszinierend: Er kocht so exakt, wie man es von einem Deutschen erwartet, ist jedoch gleichzeitig so warmherzig und offen, wie kaum ein Israeli sich einen Deutschen vorstellt. Das zweite Paradox ist Toms Lebensweg. Wandel scheint die einzige Konstante zu sein. Ein Deutscher, der zum Judentum übertrat. Jemand, der heute ein religiöser Jude ist, der in modischer Kleidung, Pferdeschwanz und Yogi-Figur auftritt. Jemand, der begnadet kochen kann und dennoch für die koschere Küche plädiert – für Israelis schon fast unbegreiflich viele Widersprüche, die da in einer Biografie miteinander verquickt sind.

Thomas Franz, Sohn katholischer Eltern, wuchs in Erftstadt bei Köln auf. Anfangs verlief sein Leben in geregelten Bahnen: »Alles war auf Karriere ausgelegt, die kleine Villa mit der Limousine davor«, erzählt er. Tom machte eine Banklehre, studierte danach in Köln Jura. Doch ein Schüleraustausch mit israelischen Jugendlichen hatte Spuren hinterlassen: »Sie sangen auf Hebräisch, tanzten dazu. Da war Lebensfreude, ein Gefühl der Zugehörigkeit, das ich in meinem Leben vermisste«, sagt Tom. Er begann eine spirituelle Suche, die ihn für anderthalb Jahre mit Aktion Sühnezeichen nach Israel führte: »Mir fehlte immer etwas Tieferes. In Israel arbeitete ich in einem Altersheim und einem Krankenhaus und fühlte mich ungeheuer wohl.« Das verwundert viele Israelis bis heute, denn das Altenheim Lichtenstetter, in dem Tom volontierte, beherbergte damals Menschen, die besonderer Pflege bedurften. Noch heute erinnert sich die Journalistin Keren Nathanson, die Tom seinerzeit kennenlernte, »an den jungen Mann mit dem unschuldigen Blick, der sich entschlossen hatte, von sich anderen etwas zu geben – aus dem Bedürfnis heraus, den Menschen mit Milde zu begegnen und um zur Versöhnung zwischen beiden Völkern beizutragen.« Das, so Nathanson, »rührte mich zu Tränen«, und das beeindruckt andere Israelis noch immer.

Seit Jahren sammelt Tom in aller Welt gebrauchte Küchenutensilien. Er liebt es, sie zu restaurieren und sie wieder ihrem ursprünglichen Zweck zuzuführen.

Schon als Kind lernte Tom von seiner Mutter die wichtigste Grundlage des Kochens: immer frische Zutaten wählen, am besten direkt aus der Natur.

Doch vorerst kehrte Tom nach seinem Aufenthalt in Israel nach Deutschland zurück. Dabei ließ ihn das Gefühl, in Israel an seinem Bestimmungsort angekommen zu sein, nicht mehr los. Eine Nahtoderfahrung hatte die Gedanken des angehenden Rechtsanwalts in neue Bahnen gelenkt: »Um ein Haar wurde ich einmal von einem herabfallenden Balken auf den Kopf getroffen, als ich aus dem Fenster schaute. Da begann ich, über Schicksal und Bestimmung zu grübeln.« Tom suchte Rabbiner auf, und im Jahr 2004 war er sich gewiss: »Für mich kam nur das Judentum in Frage.« Tom beendete seine vielversprechende Karriere als Jurist, packte – zum Schrecken seiner Eltern – seine Sachen und wanderte auf eigene Faust nach Israel aus, um zum Judentum überzutreten.

Kurz nachdem er übergesiedelt war, ließ er sich in einem Krankenhaus beschneiden: »Mir war völlig klar, dass das dazugehört«, sagt Tom. Toms Liebe zu Judentum und Israel wurden dennoch hart geprüft: Drei Jahre lernte er, bis die Rabbiner ihn 2007 endlich als Jude aufnahmen. Einen Monat später schlenderte Tom eine schicke Einkaufsstraße im Norden Tel Avivs entlang und sah die schwarzhaarige Dana Hadari auf einer Bank sitzend. Ihr Anblick elektrisierte ihn. Er begann, immer enger werdende Kreise um sie zu ziehen, so lange, bis Dana Toms gewinnendes Lächeln erwiderte. »Sie zu treffen war wie ein Geschenk für den doch ziemlich entbehrungsreichen Übertritt«, sagt Tom. Kurz darauf waren sie ein Paar.

Wenig überraschend, aber nach der Liebe auf den ersten Blick gewann Tom Danas Herz über ihren Magen. Als er zum erstenmal für sie kochte, traten Dana Tränen in die Augen, weil es ihr so gut schmeckte – genauso übrigens wie umgekehrt. »Danas Essen schmeckt mir immer noch am besten«, sagt Tom. Und: Es sei schon etwas Besonderes, wenn man sich nicht nur riechen, sondern auch den Gaumen des anderen erfreuen könne. Regelmäßig steht Tom in der Küche und bereitet kiloweise Zwiebeln vor: »Sie sind der Grundstock für alles, was wir während der Woche vorbereiten«, erklärt Dana. Mit ihnen wird experimentiert, improvisiert, gelernt, gekocht und gebraten.

In Israel fand Tom ein zweites Zuhause. Ein Land, das für den Kölner auch heute noch exotisch und zugleich vertraut ist.

Tom liebt israelische Weine – kein Wunder, werden die doch längst auch auf internationalen Wettbewerben für ihre Qualität prämiert.

Kochen ist für Tom jedoch nur Mittel zum Zweck. Es half ihm nicht nur, das Herz seiner Frau zu erobern, es dient ihm heute dazu, sich zu entspannen. Eigentlich will er zwischen verschiedenen kulturellen Universen vermitteln. Dass Tom Gerichte kreiert, die gut schmecken und koscher sind, ist nämlich nicht nur für deutsche Küchen etwas Besonderes. Michal Anski, eine der Juroren bei Masterchef, bezeichnete Toms Kochkunst als »Revolution«. Denn in Tel Aviv ist es schwer, gute koschere Restaurants zu finden. Besonders in gehobenen Preisklassen protzt man gern mit unkoscheren Gerichten: Schon fast ostentativ serviert man Schweinefleisch mit Meeresfrüchten, Fleisch- und Milchprodukte werden ungeniert vermischt. Denn vielen Durchschnittsisraelis gilt koscheres Essen immer noch als schnöde, gestrige Hausmannskost. Tom hingegen zeigt, dass man koscher »auf höchstem Niveau« kochen kann, schwärmt inzwischen nicht nur Anski. Der deutsche Hobbykoch macht jüdischen Israelis ihre eigenen Traditionen wieder schmackhaft: Während ganz in Schwarz gekleidete Rabbiner bei säkularen Israelis eher auf Ablehnung stoßen, steht der deutsche Konvertit »für eine neue Art von Judentum – trendig, modern, ansprechend«, meint Dana. Kein Wunder also, dass selbst Israels Oberrabbiner dem deutschen Konvertiten ihren Segen geben.

Diesen Spagat zwischen Tradition und Moderne üben Tom und Dana seit Jahren. Als gläubiger Jude betet Tom nun dreimal pro Tag, auch freitagabends, wenn Dana – genauso wie auch er – früher als säkulare Israelin viel lieber essen und tanzen ging. Doch Toms Lebensweise hat auch sie überzeugt. Ihr Mann habe sie »mit meiner jüdischen Seele verbunden. Ich dachte damals: Wenn jemand wie er so viele Mühen auf sich nimmt, um Jude zu werden, sollte ich es mir auch mal näher anschauen«. Dana ist jetzt eine glückliche religiöse Frau. Ihr pechschwarzes Haar versteckt sie nun stets keusch unter einem modischen Kopftuch; sie bedeckt ihre Beine mit Röcken statt mit Hosen. Beide achten darauf, nur noch in koscheren Restaurants zu speisen.

Tom und Dana wollen Juden mit ihren eigenen Traditionen bekannt machen und zwischen ihren beiden Völkern vermitteln. Dafür pendeln sie jetzt immer öfter zwischen Deutschland und Israel hin und her. In Israel fungiert Tom inzwischen wie ein inoffizieller Botschafter Deutschlands. Trotz seiner deutschen Wurzeln wird er »voller Herzlichkeit aufgenommen. Das ganze

Volk lässt mich spüren: ›Du bist einer von uns!‹«, sagt Tom. Besonders erfreut es ihn, dass alles, was deutsch ist, dank seines Erfolgs eine kleine Renaissance erfährt. »Menschen kramen die Kochbücher ihrer Großeltern, die vor den Nazis flohen, aus den Regalen, und schenken sie mir«, berichtet Tom, zuletzt ein Exemplar, das im Jahr 1911 gedruckt wurde.

Auf seinen Besuchen in der alten Heimat und mit diesem Buch, will er die umgekehrte Funktion erfüllen, er möchte Israel und das Judentum den Deutschen näherbringen. Im Gegensatz zum Israelbild, das in den Medien vermittelt werde, seien »Israelis in besonderer Weise offen, tolerant und fortschrittlich. Es wäre doch undenkbar, dass ein Jude oder ein Christ in einem arabischen Land in einer Castingshow so weit kämen wie meine härteste Konkurrentin, eine Muslima namens Salma, oder ich hier in Israel«, sagt er.

Die Besuche bieten auch die Gelegenheit, Toms Eltern wieder öfter zu besuchen. Die wussten anfangs gar nichts von Toms Teilnahme an einer Kochshow, bekennt der Masterchef: »Ich dachte, nach all den plötzlichen Wechseln, die ich ihnen zugemutet habe, wäre das einer zu viel gewesen.« Den Erfolg nehmen Vater und Mutter jedoch mit Stolz und der Zufriedenheit wahr, wissend, dass Tom nach all dem Wandel endlich seine Bestimmung gefunden hat.

Tom ist ein integraler Bestandteil der israelischen Gesellschaft geworden. Seit seinem Sieg bei »Masterchef« sprechen Israelis ihn auf der Straße an und sagen: »Wir sind stolz, dass jemand wie du zu uns gehören wollte.« Mit seiner Frau Dana gründete er eine neue Familie.

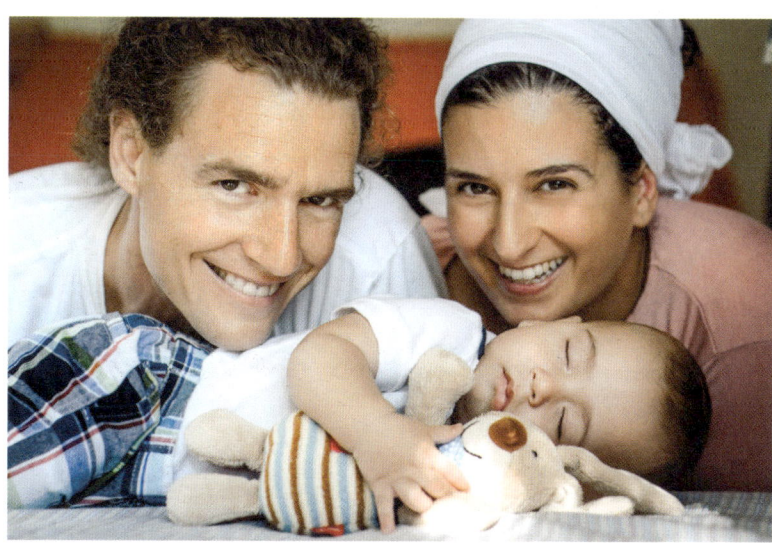

VORSPEISEN
UND KLEINE GERICHTE
ZUM VERWÖHNEN

TOMATEN-PFIRSICH-
Gazpacho

Sommerfrische pur. Eine tolle Alternative zur traditionellen Gazpacho! Die ursprünglich spanische kalte Suppe hält allmählich auch in Israel Einzug. Mir gefällt vor allem das köstliche Aroma, das sich aus dem Zusammenspiel von Tomate und Pfirsich ergibt. Ein schöner Opener eines Essens auf der Terrasse.

FÜR 6 PORTIONEN

1 kg reife Kirschtomaten
500 g reife Pfirsiche,
    entkernt
20 g Ingwer, geschält
50 ml Olivenöl
½ TL Zucker
Salz und schwarzer Pfeffer
    aus der Mühle
6 Minzeblätter
    (nach Belieben)

◆ Die Tomaten und die Pfirsiche in grobe Stücke schneiden und in den Mixer geben. Den Ingwer mit einer Knoblauchpresse auspressen und den Saft mit dem Olivenöl zu dem Früchtemus geben. Alles zusammen sehr glatt pürieren und mit Zucker, Salz und Pfeffer würzen. Anschließend durch ein großes Sieb passieren.

Anrichten

◆ Die Gazpacho in Gläsern mit Eiswürfeln servieren. Nach Belieben mit je einem Minzeblatt dekorieren. ✳

☛ *Für Tomaten-Pfirsich-Gazpacho und jede andere Gazpacho verwende ich am liebsten reife Kirschtomaten. Mit ihrem besonderen, fruchtigen Aroma sind sie für dieses Gericht, für das die Zutaten roh verwendet werden, besonders geeignet.*

SALAT MIT ORANGEN
und schwarzen Oliven

Eine hinreißende und überraschende Geschmackskombination.
Harissa, eine Paste aus getrockneten süßen Chilischoten, die es heute
in jedem Supermarkt zu kaufen gibt, die man aber auch selber
machen kann (siehe unten), ist für den ungewöhnlichen und pikanten
Geschmack verantwortlich.

FÜR 4 PORTIONEN

Für den Salat
50 g schwarze Oliven ohne Kern
4 Orangen, geschält
    und filetiert
1 gehäufter EL Harissa
3–4 Korianderzweige, Blätter
    abgezupft
½ TL Kreuzkümmel, gemahlen
Saft von 1 Zitrone
3 EL Olivenöl
1 Knoblauchzehe, geschält
    und fein gehackt

☛ Harissa kann für viele Speisen verwendet werden, die eine gewisse Schärfe benötigen, insbesondere für Gerichte und Saucen mit Tomaten.

Für die Harissa
100 g getrocknete milde
    Chilischoten
½ Knoblauchknolle,
    die Zehen geschält
½ TL Koriander, gemahlen
1 TL Rosenpaprika
1 TL Kreuzkümmel, gemahlen
1 EL Salz
Saft von 2 Zitronen
etwa 100 ml Olivenöl

Der Salat

◆ Die genannten Zutaten sorgfältig miteinander
vermengen und 2 Stunden bei Zimmertemperatur
ziehen lassen. Nicht in den Kühlschrank stellen.

Die Harissa

◆ Von den Chilischoten die Enden abschneiden.
Anschließend in warmem Wasser einweichen und
zusammen mit den übrigen Zutaten im Mixer
fein pürieren. Nach Bedarf mit Olivenöl vermengen, um eine Paste einheitlicher Konsistenz zu
erhalten. In ein passendes Vorratsglas füllen und
mit Olivenöl bedecken. ✳

GEGRILLTE AUBERGINE
mit Tahina-Sauce, Tomatenconcassée und gerösteten Pinienkernen

Ein geschmacksintensiver, alle Sinne ansprechender Starter, der an Ferien am Mittelmeer erinnert und viele regionale Köstlichkeiten auf einem Teller vereinigt. Tomatenconcassée ist ein feiner Salat aus dem Besten der Tomate, der auch wunderbar zu jeglicher Art von Fisch und Fleisch passt und sich auch als kleiner Zwischengang eignet – im Martiniglas serviert.

FÜR 4 PORTIONEN

4 Auberginen

Für Tomatenconcassée
6 reife Tomaten (darauf achten, dass das Fruchtfleisch nicht mehlig ist)
1 mittelgroße rote Zwiebel, geschält und fein gehackt
2 EL Zitronensaft
3 EL Olivenöl
Salz und schwarzer Pfeffer aus der Mühle
200 g Tahina-Sauce, ziemlich flüssig (siehe Seite 24)

Außerdem
50 g geröstete Pinienkerne

☞ Wenn man Gelegenheit hat, die Auberginen auf einem Grill zu garen, so ist das jedem Grillen im Backofen vorzuziehen. Die Auberginen erhalten dadurch ein rauchiges Aroma.

Die Auberginen
◆ Den Backofen auf 220 °C Grillstufe vorheizen.
Die Auberginen mit einer Gabel rundherum einstechen und auf ein mit Backpapier ausgelegtes Backblech setzen. Im heißen Ofen 45 Minuten lang backen. Während des Backvorgangs die Auberginen einige Male wenden, so dass jede Seite die starke Oberhitze abbekommt. Die Haut der Auberginen ist nach dem Garvorgang schwarz, das Fruchtfleisch hingegen wunderbar weich.
Die Auberginen etwas auskühlen lassen. Anschließend mit einem Messer vorsichtig anschneiden und die Frucht schälen, wobei sie nach Möglichkeit ganz bzw. intakt bleiben soll.

Tomatenconcassée
◆ Die Tomaten oben kreuzförmig einritzen und in reichlich kochendem Wasser 1–2 Minuten – bis sich die Schale zu lösen beginnt – blanchieren. Anschließend in einer Schüssel mit kaltem Wasser (am besten mit Eiswürfeln) abschrecken. Die Schale abziehen, die Früchte vierteln und die Kerne entfernen. Die Tomatenviertel zuerst in ½ cm schmale Streifen, diese wiederum in ½ cm große Stücke schneiden und mit den Zwiebeln vermengen. Den Zitronensaft und das Olivenöl dazugeben und mit Salz und Pfeffer würzen.

Anrichten
◆ Jeweils eine Aubergine auf den Teller legen. Etwas Tahina angießen und das Tomatenconcassée darübergeben. Mit Pinienkernen bestreuen. ✳

TARTE Sabich

Sabich ist neben Falafel und Hummus das leckerste und auch das am häufigsten anzutreffende Gericht, das man in Israel an jeder Straßenecke kaufen und von der Hand essen kann, »the ultimate Israeli street food« sozusagen. Angeblich haben es irakische Juden, die vor der Gewalt aus dem Irak flohen, in den 1940er/50er Jahren nach Israel gebracht. Zunächst hat man es nur an Schabbat gegessen, da Kochen an diesem Tag nicht erlaubt ist. Alles, was man für Sabich braucht, kann im Voraus zubereitet werden. Normalerweise werden die Zutaten, die auch leicht variieren können, kunstvoll in eine aufgeschnittene Pita gefüllt. In meiner Version wird Sabich zu einem Tellergericht, das ähnlich einer Tarte flambée angerichtet wird und das man mit Messer und Gabel essen kann.

FÜR 6 PORTIONEN

Für Sabich
3 Auberginen
Salz
etwa 20 reife Kirschtomaten
    mit Stiel und Kelchblatt
500 ml Sonnenblumenöl
3 EL Aceto balsamico
200 ml Olivenöl

Für das Petersilienöl
2 Handvoll Petersilienblätter
100 ml Olivenöl

Für etwa 200 g Tahina-Sauce
100 g Tahina
80 ml Wasser
2 EL Zitronensaft
½ TL Kreuzkümmel,
    gemahlen
Salz

Für die Tarte flambée
20 g Hefe
250 ml handwarmes Wasser
450 g Mehl
3 EL Olivenöl
½ TL Salz

Außerdem
6 Eier, hart gekocht
    und geschält

Sabich

◆ Die Auberginen in 1½ cm große Würfel schneiden und in einem großen Sieb mit 2 Esslöffeln Salz vermengen. 1 Stunde lang Flüssigkeit ziehen lassen. Anschließend auf Küchenpapier geben und sorgfältig trocken tupfen.
300–400 ml Sonnenblumenöl in einer Pfanne erhitzen und die Auberginen in drei oder vier Portionen goldbraun frittieren. Nach Bedarf das restliche Sonnenblumenöl hinzufügen. Mit einem Schaumlöffel herausnehmen und auf zweifach gelegtem Küchenpapier abtropfen und abkühlen lassen.
Den Backofen auf 160 °C vorheizen.
Eine kleine ofenfeste Form mit dem Aceto balsamico und dem Olivenöl füllen. Die Kirschtomaten oben kreuzförmig einritzen und in die Form geben. Darauf achten, dass sie etwa drei viertel hoch in der Flüssigkeit liegen. Die Tomaten mit etwas Salz bestreuen. Die Form für 10–15 Minuten in den heißen Ofen geben. Die Kirschtomaten sollen etwas weich werden, jedoch ihre Form behalten.

Das Petersilienöl

◆ Die Petersilienblätter (bis auf eine kleine Handvoll!) zusammen mit dem Olivenöl in ein hohes Gefäß geben und mit dem Stabmixer fein pürieren. Anschließend das Öl durch ein feines Sieb in ein sauberes Gefäß füllen.

Die Tahina-Sauce

◆ Die genannten Zutaten in einer Schüssel mit dem Schneebesen zu einer dickflüssigen Masse verrühren. Die Sauce soll die Konsistenz von flüssigem Honig haben. Eventuell etwas Wasser zufügen, sollte die Konsistenz zu zäh sein. Die Sauce darf jedoch wiederum keinesfalls zu flüssig sein, sie darf nicht von der Tarte laufen, wenn man sie aufträgt.

Die Tarte flambée

◆ Die Hefe mit 50 ml lauwarmem Wasser verrühren und für einige Minuten beiseitestellen. Das Mehl in eine Schüssel sieben und die Hefe, das restliche Wasser, Öl und Salz hinzufügen.

Diese Masse mit den Händen oder den Knethaken der Küchenmaschine oder eines Handrührgeräts zu einem glatten Teig verarbeiten und anschließend einige Minuten kräftig durchkneten. Den Teig 30 Minuten (das kann manchmal durchaus auch etwas länger sein!) mit einem Küchentuch zugedeckt an einem warmen Ort gehen lassen, bis er das doppelte Volumen erreicht hat. Dabei ist wichtig, dass der Teig vor Zugluft geschützt wird.

Den Backofen auf 200 °C vorheizen.

Den aufgegangenen Teig halbieren und jede Hälfte zu einer Kugel formen. Jede Kugel auf einem Stück Backpapier dünn (etwa ½ cm) zu einem Oval ausrollen. Jedes Oval einzeln im heißen Ofen 10–12 Minuten backen.

Anrichten

◆ Die Tarte flambée auf einen großen Teller legen und 2 Esslöffel Tahina-Sauce darauf verstreichen. Darüber 3 Esslöffel Auberginen verteilen. Die Eier längs in Viertel oder Sechstel teilen und auf die Auberginenwürfel legen. Darüber 3–4 Kirschtomaten legen und nacheinander mit jeweils 1 Esslöffel Tahina-Sauce und 1 Esslöffel Petersilienöl überziehen. Die zurückbehaltenen Petersilienblätter über die fertige Tarte Sabich verteilen.

Hat man noch ein klein wenig Geduld, schiebt man jede Tarte Sabich nun nochmals kurz in den noch heißen Ofen, um die Zutaten zu wärmen (jedoch nicht, wenn der Teig bereits ganz ausgebacken ist). Man kann es sich aber auch sofort munden lassen. ✳

☞ *Wer nicht geübt ist, Teige herzustellen, oder gerade keine Lust hat, sich die Mühe zu machen, kann das Gericht auch auf oder in einem Fladenbrot servieren.*

☞ *Da der Teig keinen Zucker enthält, kann er, wenn er goldbraun wird, bereits überbacken sein. Der gebackene Teig soll außen knusprig und innen weich sein. Am besten macht man zuvor eine Probe und bäckt eine kleine Teigmenge, bevor man die großen Ovale in den Ofen schiebt. Hat man einen Pizzastein, dann sollte man diesen in jedem Fall verwenden. Das Ergebnis ist dann um ein Vielfaches besser.*

ROTE-BETE-SALAT mit gerösteten Sonnenblumenkernen

Rote Bete zählt im Westen und Norden Europas zu den wichtigsten Gemüse-pflanzen. Sie gedeiht in einem gemäßigten Klima und wird ab etwa Juli bis in den späten Herbst hinein geerntet. In Israel spielt das Gemüse in vielen Vorspeisen, Salaten und im russischen Borschtsch (polnisch Barschtsch) eine Rolle.
Bei kaum einem anderen Gemüse gehen die Meinungen so sehr auseinander. Manche lieben das erdig-nussige Aroma der roten Rübe, andere hingegen über-haupt nicht. Es gibt Gerichte, die ohne Rote Bete undenkbar sind.
Ich bin ein großer Fan dieser roten Knolle. Nicht nur weil sie so gesund ist. Zwischenzeitlich konnte ich auch meine Frau »bekehren«. In dieser Form kann sie dem dunklen Charme der Roten Bete ganz und gar nicht widerstehen.

FÜR 6 PORTIONEN

1 kg Rote-Bete-Knollen
Salz und schwarzer Pfeffer
aus der Mühle
60 g Sonnenblumenkerne
100 g Feta, am besten aus
Bulgarien
150 ml Mayonnaise,
vorzugsweise
hausgemacht
(siehe Seite 152)
4 EL Aceto balsamico
1 TL brauner Zucker

Zum Dekorieren
1 Handvoll Erbsensprossen

◆ Die Rote-Bete-Knollen ungeschält in reichlich Wasser, dem etwas Salz zugesetzt werden kann, je nach Größe in etwa 50 Minuten weich oder, je nach Vorliebe, bissfest kochen.
In der Zwischenzeit die Sonnenblumenkerne in einer kleinen Pfanne ohne Fett unter Rühren rösten, bis sie gleichmäßig hellbraun werden. Zum Abkühlen beiseitestellen. Den Feta in Würfel schneiden.
Anschließend die Roten Beten abgießen, etwas abkühlen lassen und schälen. Dies geschieht am besten unter fließen-dem kaltem Wasser mit Einmalhandschuhen. Dabei mit einem Messer oder mit den Fingern die Haut abziehen und den Stielansatz und die Wurzelspitze abschneiden.
Die Roten Beten in ½–1 cm große Würfel schneiden und diese mit den übrigen Zutaten in einer Schüssel vermengen. Mit Salz und Pfeffer würzen und mit den Erbsensprossen bestreuen.

Varianten

◆ Statt die gekochten Roten Beten in Würfel zu schneiden, kann man sie auch auf einer Küchenreibe fein reiben. Dieser Salat schmeckt auch mit roher Rote Bete. In diesem Fall das Gemüse auf einer Küchenreibe reiben oder in Julienne schneiden. ✳

☞ *Wenn man die Rote Bete vor dem Kochen schält, »blutet« sie aus. Das heißt, sie verliert nicht nur viel von ihrer betörenden roten Farbe, sondern auch Geschmack und Vitamine. Rote Bete kann man auch gut roh essen.*

HÜHNERPASTETE
mit Kirschtomatenmarmelade

FÜR 6-8 PORTIONEN

Für die Pastete

8 EL Olivenöl (oder, noch
besser, Geflügelschmalz)

500 g frische Hühnerleber
(oder, noch feiner, Gänse-
leber), geputzt, gewaschen
und trocken getupft

2 Zwiebeln, geschält
und fein gehackt

Salz und schwarzer Pfeffer
aus der Mühle

4 hart gekochte Eier

1 EL Mayonnaise

*☞ Wenn Leber
koscher sein soll, muss
sie nicht nur von
geschächteten Tieren
stammen. Sie muss über
Feuer gegrillt worden
sein oder, nachdem sie
gesalzen wurde, unter
einem Elektrogrill gut
durchgegart werden.
Leber enthält viel Blut,
das nach der Kaschrut
(siehe Seite 114) nicht
verzehrt werden darf.*

Gehackte Hühnerleber gehört zu den Standards der israelischen
Küche, und sie hat ihren Ursprung in Osteuropa. Man kann sie
durch nichts ersetzen, jedoch kann man sie beliebig variieren
und verfeinern. Mein persönlicher Favorit zu Hühnerleber ist
selbstgemachte Marmelade aus Kirschtomaten. Egal, wo ich war,
ich habe sie noch in keinem Supermarkt oder Feinkostgeschäft
gefunden. Man muss die Marmelade selber machen. Aber der Aufwand lohnt sich, denn sie schmeckt nicht nur zu Hühnerpastete.
Man kann sie vielseitig verwenden, zum Beispiel zum Süßen von
pikanten Gerichten und Tomatensaucen oder als Brotaufstrich.

Die Leber

◆ 4 Esslöffel Olivenöl in einer großen Pfanne erhitzen, bis
das Öl anfängt zu rauchen. Die Leber portionsweise rundum
4–5 Minuten braten. Die Leber darf innen nicht mehr weich
und rosa sein. Die Leber aus der Pfanne nehmen, auf einen
Teller geben und auskühlen lassen.

Das restliche Olivenöl erhitzen und die Zwiebeln mit etwas
Salz weich und braun garen.

Die Leber nun zerkleinern. Klassischerweise werden die
Leber und die übrigen Zutaten mit einem Wiegemesser
gehackt und so langsam zu einer Pastete verarbeitet. Man
kann die Pastete auch herstellen, indem man die Leber und
die übrigen Zutaten durch den Fleischwolf dreht (kleinste
Scheibe!). Oder aber man benützt die Küchenmaschine,
um eine feine Pastete herzustellen. Ist die Konsistenz zu
trocken, Bratensaft hinzufügen.

Die Pastete nach Belieben mit Salz und Pfeffer würzen.
Es ist wichtig, sie innerhalb von drei Tagen zu verzehren.

HÜHNERPASTETE
mit Kirschtomatenmarmelade

Für die Marmelade
200 g reife Kirschtomaten
200 g Zucker
1 Zimtstange
1 Sternanis
2 Pimentkörner
½ TL Salz

Die Marmelade

◆ Die Tomaten waschen und trocken tupfen. Zusammen mit den restlichen Zutaten in einem Topf mit dickem Boden erhitzen. (Ich lasse die
Tomaten am liebsten ganz, dann hat man hinterher schöne große Stücke
als Kontrast zur feinen Leberpastete. Man kann sie aber auch halbieren
oder in Viertel schneiden.) Bei leichter Hitze 10–15 Minuten köcheln
lassen. Die Gewürze herausnehmen und die Tomaten auskühlen lassen.

Anrichten

◆ Die Pastete schmeckt am besten, indem man sie auf Toast streicht und
darauf einen halben Teelöffel Kirschtomaten-marmelade gibt: Der Toast
ist heiß, die Leberpastete kalt und die Marmelade sollte nach Möglichkeit
Zimmertemperatur haben. Die Unterschiede in Textur und Temperatur
erhöhen den Genuss. ✳

☛ *Man kann sich einen kleinen*
Vorrat an Kirschtomaten-
marmelade zulegen. Dazu
bereitet man einige Vorratsgläser
vor. Man kocht wenigstens
1 kg Tomaten und 1 kg Gelier-
zucker und füllt die Masse heiß in
die Gläser. Die Gläser fest
verschließen und kühl und dunkel
lagern. Die Marmelade hält sich
so etwa ein halbes Jahr.

Tolle Früchtchen

Wenn sich Uneingeweihte Israel vorstellen, denken sie oft an ein Kamel mitten in einer Sandwüste. Rund 60 Prozent des Staatsgebiets sind tatsächlich Wüste, sie haben also bedingt recht. Dennoch bietet das Land eine einzigartige Vielfalt. Auf einem Gebiet von der Größe Hessens drängen sich fünf Klimazonen. Im Frühling kann man auf dem Golan Ski fahren oder sich nur zwei Autostunden entfernt am Toten Meer einen Sonnenbrand holen. Nur ein Fünftel des Landes war ursprünglich für Landwirtschaft geeignet. Trotzdem wächst hier inzwischen ein Füllhorn voller Obst und Gemüse von hoher Qualität – das Resultat von Forschung und fortschrittlichem Anbau, der aus der Wasserknappheit eine Tugend macht, die die Tröpfchenbewässerung und Wasserwiederverwertung hervorbrachte.

❖

Am berühmtesten ist die Jaffa-Orange, die von hier aus in alle Welt ging. Die »Schamuti«-Orange wurde Ende des 19. Jahrhunderts von Arabern in der Umgebung Jaffas gezüchtet. Sie wies drei Besonderheiten auf: Sie hatte keine Kerne, war besonders süß, und ihre dicke Schale ermöglichte den Export über weite Strecken. Bahnbrechende landwirtschaftliche Forschung ist in diesem Land also nichts Neues. Aaron Aaronsohn entdeckte hier im Jahr 1906 den Emmer (*Triticum dicoccum*), den lang gesuchten Urgroßvater aller Weizensorten, dessen Kultivierung vor Jahrtausenden der Beginn der Landwirtschaft war.

❖

Seither forscht Israel an vorderster Front der Agrikultur. Professor Nahum Keidar entwickelte hier in den 1980er Jahren die Kirschtomate, als gesunde Alternative zum Studentenfutter, das Menschen in aller Welt vor der Mattscheibe konsumierten. Er wollte das kleine, süße Früchtchen eigentlich »TV-Tomate« nennen. Israelis erfanden auch die »Pomelit«, eine Kreuzung aus Grapefruit und Pomelo, die kernlose Wassermelone, die kernlose Paprika, und sie sind der weltweit zweitgrößte Produzent der Wollmispel.

❖

Tom liebt nicht nur die Vielfalt, sondern auch die Qualität von Obst und Gemüse. Der Geschmack ist tatsächlich hier oft intensiver als in Deutschland, das Angebot reichhaltig. Dazu gehören so exotische Früchte wie die Datteln aus der Jordansenke oder vom See Genezareth, die schon zu Lebzeiten Jesu weltberühmt waren, oder zuckersüße Kirschen, die auf den kühlen Golanhöhen heranreifen. Auch die chinesische Kaki wurde in Israel veredelt: Die örtliche Variante ist in Deutschland unter dem Namen »Scharonfrucht« bekannt. Im Gegensatz zum asiatischen Original kann man die Scharon sogar im unreifen Zustand essen, weil sie keine Tannine enthält.

SÜSSKARTOFFEL-KÜRBIS-BURGER mit Schnittlauchsauce

FÜR 6-8 PORTIONEN

Für die Burger

500 g Süßkartoffeln, geschält
    und mittelgrob gerieben
300 g Kürbis, geschält
    und mittelgrob gerieben
300 g festkochende Kartoffeln,
    geschält und mittelgrob
    gerieben
3 EL Mehl
2 Eier
½ Päckchen Backpulver
½ TL Thymian, getrocknet
¼ TL Cayennepfeffer
Salz und schwarzer Pfeffer
    aus der Mühle
2–3 EL Olivenöl

Für die Schnittlauchsauce

200 g saure Sahne
4 EL Mayonnaise
1 Knoblauchzehe, geschält
    und fein zerdrückt
1 Bund Schnittlauch,
    in Röllchen geschnitten
½ TL Honig
1 EL Weißweinessig
Salz und schwarzer Pfeffer
    aus der Mühle

Wenn man Reibekuchenfan ist (wie ich), Süßkartoffeln liebt (wie ich) und gerne in der Küche experimentiert (wie ich), dann stellt man sich eines Tages die Frage, wie wohl ein Gericht schmecken würde, würde man Zutaten austauschen. Gedacht, getan. Das Ergebnis war ein tolles Essen, ein Gericht mit einem ganz neuen, umwerfenden Geschmack, das rasch Aufnahme in unseren Speisezettel fand. Schnell war dazu auch die richtige Sauce kreiert. Diese Burger schmecken warm und kalt wunderbar.

Die Burger

◆ Süßkartoffeln, Kürbis, Kartoffeln, Mehl, Eier, Backpulver, Thymian und Cayennepfeffer in einer Schüssel gut verrühren und mit Salz und Pfeffer würzen. Etwa eine halbe Stunde abgedeckt stehen lassen. Wenn die Masse zu flüssig ist, noch etwas Mehl (ich verwende gerne Kartoffelmehl) dazugeben. Ist sie zu kompakt geworden, noch etwas Wasser unterrühren. Das Olivenöl in einer Pfanne leicht erhitzen und die Masse löffelweise zu goldbraunen Burgern braten. Aus der Pfanne nehmen und auf Küchenpapier abtropfen lassen.

Die Schnittlauchsauce

◆ Die genannten Zutaten in einer Schüssel vermengen und mit Salz und Pfeffer würzen. Abgedeckt mindestens 1 Stunde ziehen lassen.

Anrichten

◆ Ich ernte immer ein Hallo, wenn ich, wie auf dem Foto auf der linken Seite zu sehen, einige Burger aufeinanderlege und mit der Sauce kröne. ✳

KIRSCHTOMATENSALAT
mit Mozzarella und Pinienkernen in Balsamico-Dressing

Wenn Tomaten wirklich Saison haben, schmecken die Früchte – wie soll es auch anders sein – am besten. Sie enthalten dann viel Zucker und haben ein volles Aroma. Dann ist es Zeit, alle Lieblingstomatenrezepte zu kochen und neue Rezepte auszuprobieren. Vorsicht! Dieser Tomatensalat kann süchtig machen.

FÜR 6 PORTIONEN

50 g Pinienkerne
3 EL Aceto balsamico
4 EL Olivenöl
2 Knoblauchzehen, geschält
    und fein zerdrückt
1 TL brauner Zucker
1 kg reife Kirschtomaten
150 g Babymozzarella
Salz und schwarzer Pfeffer
    aus der Mühle
1 Handvoll Basilikumblätter,
    klein gezupft

◆ Die Pinienkerne in einer kleinen Pfanne ohne Fett und unter Rühren goldbraun rösten. Zum Abkühlen beiseitestellen. Aceto balsamico, Olivenöl, Knoblauch und Zucker in einer Salatschüssel zu einer Vinaigrette rühren. Die Kirschtomaten halbieren, mit dem Mozzarella in die Sauce geben und sorgfältig vermengen. Mit Salz und Pfeffer würzen. Das Basilikum und die Pinienkerne darüberstreuen.

Anrichten

◆ Den Salat auf die Teller verteilen und servieren. ✳

PILZFALAFELN auf Tabouleh-Salat mit Ziegenjoghurtsauce

Klassische Falafeln sind frittierte Bällchen, die aus Kichererbsen und Kräutern zubereitet werden. In Israel werden sie an der Straße in Buden verkauft. Man isst sie in einer Pita mit Salaten, Gemüse und Tahina oder Hummus oder anderen, auch oft scharfen Saucen wie Zhug. Eine delikate Alternative zu diesen Klassikern sind Falafeln mit Pilzen. Auf Tabouleh-Salat und mit einer raffinierten Ziegenjoghurtsauce wird aus Street Food ein geniales Tellergericht.

FÜR 6-8 PORTIONEN

Für die Falafeln
50 g Butter
1 Zwiebel, geschält
    und fein gehackt
Salz und schwarzer Pfeffer
    aus der Mühle
3 Knoblauchzehen, geschält
600 g Champignons
80 g Frischkäse
80 g frisch geriebener
    Parmesan
1 EL Mehl
¼ TL frisch geriebene
    Muskatnuss

Zum Panieren
Mehl
1 verschlagenes Ei
Semmelbrösel oder Panko
    (japanisches Panier-
    mehl)

Außerdem
1 l Öl zum Frittieren

Die Falafeln

◆ Zuerst die Butter in einer großen Pfanne zerlassen und die Zwiebeln weich und glasig anschwitzen. Dabei einen ½ Teelöffel Salz hinzufügen. Die Knoblauchzehen mit der flachen Seite des Küchenmessers zerdrücken, anschließend fein hacken und mit den Zwiebeln vermengen. Weitere 10 Minuten bei leichter Hitze dünsten.

In der Zwischenzeit die Champignons putzen und in so kleine Würfel wie die Zwiebeln schneiden. Die Champignonwürfel mit der Zwiebel-Knoblauch-Masse vermengen und das Ganze bei mittlerer Hitze und unter regelmäßigem Wenden so lange garen, bis die Flüssigkeit der Champignons nahezu verdampft ist. Diese Masse nennt man Duxelles. Mit Salz und Pfeffer würzen und zum Abkühlen beiseitestellen.

Nun die Duxelles mit Frischkäse, Parmesan, Mehl und Muskat vermengen. Es soll eine glatte Masse entstehen, die sich gut formen lässt. Ist der Teig zu feucht, fügt man noch so viel Mehl hinzu, wie benötigt wird, um die Flüssigkeit zu binden. Mit Salz und Pfeffer würzen. Mindestens eine Stunde in den Kühlschrank stellen.

Das Öl in einem hohen Topf erhitzen. Die optimale Temperatur zum Frittieren ist 170 °C.

Aus der Falafelmasse mit feuchten Händen walnussgroße Bällchen formen. Diese nacheinander im Mehl, im Ei und in den Semmelbröseln wälzen.

PILZFALAFELN auf Tabouleh-Salat
mit Ziegenjoghurtsauce

☞ Es ist ratsam, zuerst die gesamte Masse zu Bällchen zu formen und sie anschließend nacheinander zu panieren.

Die Falafelbällchen in kleinen Portionen jeweils 2–3 Minuten goldbraun frittieren. Es ist wichtig, immer nur kleine Mengen zu frittieren, damit die Temperatur konstant bleibt. Die Bällchen mit einem Schaumlöffel herausnehmen und auf Küchenpapier abtropfen lassen.

Der Tabouleh-Salat

◆ Den Bulgur 30 Minuten in 500 ml lauwarmem Wasser einweichen. Anschließend über einem Sieb abgießen. Den Bulgur mit den genannten Zutaten in einer Schüssel vermengen und mit Salz und Pfeffer würzen.

Die Sauce

◆ Die genannten Zutaten sorgfältig miteinander verrühren und kalt stellen.

Anrichten

◆ Den Tabouleh-Salat auf dem Teller auslegen und für jede Person drei Pilzfalafeln darauflegen. Dazu entweder die Sauce in einem kleinen Schälchen getrennt reichen oder neben den Salat geben. ✳

Für den Tabouleh-Salat
200 g Bulgur
4 Tassen Blattpetersilie,
    fein gchaokt
2 Tassen Korianderblätter,
    fein gehackt
1 Tasse Minzeblätter,
    fein gehackt
5 EL Olivenöl
Saft einer ½ Zitrone
Salz und schwarzer Pfeffer
    aus der Mühle

Für die Sauce
400 g Ziegenjoghurt
1 ½ EL flüssiger Honig
1 EL Weinessig
Salz und schwarzer Pfeffer
    aus der Mühle

CEVICHE

Ceviche stammt zwar ursprünglich aus Südamerika, genauer gesagt aus Peru. Aus nicht bekannten Gründen hat Ceviche mittlerweile Einzug in israelische Restaurants gehalten, als läge das Land am Südpazifik und nicht am östlichen Mittelmeer.

Sobald die Melone in Israel Saison hat, hält mich nichts mehr. Dann bereite ich Ceviche ein- bis zweimal pro Woche zu. Das Rezept schmeckt genauso gut, wenn man statt Melone Mango verwendet.

FÜR 6 PORTIONEN

800 g Zacken- oder Goldbarsch-
    filet, ohne Gräten
2 mittelgroße rote Zwiebeln,
    geschält und in Julienne
    geschnitten
2 Chilischoten, in winzig kleine
    Würfel geschnitten
½ Melone, reif und saftig,
    geschält und das Frucht-
    fleisch in Würfel geschnitten
1 Handvoll Korianderblätter,
    fein gehackt
2 Msp. Cayennepfeffer
Salz und weißer Pfeffer
    aus der Mühle
Saft von 3 Limetten oder,
    alternativ, 2 Zitronen

◆ Den Fisch in kleine Würfel oder Streifen schneiden und mit den genannten Zutaten außer dem Limetten- bzw. Zitronensaft vermengen.

Sobald der Fisch mit der Säure des Limetten- oder Zitronensafts in Berührung kommt, beginnt die soge-nannte Denaturierung, das heißt, das Fischeiweiß gerinnt. Länger als eine Viertelstunde sollte der Fisch daher mit dem Saft nicht in Berührung sein, sonst wird er »übergart«. Daher ist es sinnvoll, Ceviche erst unmit-telbar vor dem Verzehr mit dem Saft zu vermengen.

Anrichten

◆ Ich serviere Ceviche zumeist auf einem Servierteller, von dem sich jedermann/jedefrau bedienen kann. ✳

☞ *Für Ceviche darf nur allerfrischester Fisch verwendet werden. Denken Sie beim Einkaufen daran, auf »Sushi-Qualität« hinzuweisen.*

Fast Food – mal gesund

Daheim dreht sich das israelische Familienleben oft ums Essen: Vielleicht nimmt man sich hier deswegen während des Arbeitstages, im Gegensatz zu den Franzosen oder Italienern, nur wenig Zeit für ausgiebige Businesslunchs. Kein Geschäft schließt hier für eine Mittagspause, Israelis leben ihre mediterrane Kurzatmigkeit – oder Ungeduld – auch im Geschäftsleben aus. Kein Wunder also, dass die Straßen der Innenstädte mit unzähligen Imbissbuden gesäumt sind – »Yallah, Yallah!«, arabisch für »schnell, schnell«, rufen die hungrigen Israelis den wild hantierenden Verkäufern zu, wenn diese den Falafel nicht schnell genug über den Tresen reichen. Doch trotz der weiten Verbreitung der Schnellimbisse sieht man übergewichtige Menschen in Israel relativ selten.

❖

Das mag daran liegen, dass israelisches Fast Food seine Wurzeln in der traditionellen nahöstlichen Küche hat. Kichererbsen bilden eine wichtige Grundlage für die bekanntesten Gerichte: Hummus, eine Paste, die aus Hülsenfrüchten besteht, oder Falafel, kleine Bällchen, die frittiert und später mit Salat und Saucen in eine Pita gesteckt werden. Ein frisch zubereiteter Salat aus fein gehackten Tomaten und Gurken, der nur mit Salz, Zitrone und Olivenöl angerichtet wird und den Israelis »arabischen Salat« nennen, darf auf keinem Mittagstisch fehlen.

❖

Sabich ist ein anderer beliebter Schnellimbiss hastiger Geschäftsleute: Dafür wird eine gebratene Aubergine mit hart gekochten Eiern und Salat in eine Pita gesteckt und mit Tahina übergossen. Andere geben auch gern »Amba« dazu, eine scharfe Mangosauce, die mit Essig, Salz, Senf, Chili und Kurkuma zubereitet wird.

❖

Doch israelisches Fast Food ist nicht nur gesund, es schmeckt auch. Und so scheuen selbst hochklassige Restaurants nicht davor zurück, ihre eigenen Versionen des volkstümlichen Essens anzubieten – auch wenn das in den meisten Fällen schlicht überflüssig zu sein scheint. »Es ist eigentlich egal, wie viel Geld man für einen guten Hummus oder für Sabich ausgibt. Am besten schmecken sie in den Imbissbuden«, sagt Tom.

❖

So fungiert Street Food auch als Kitt fürs Volk: Egal, ob Multimillionär oder Tagelöhner – alle pilgern zu den geschäftigen Kleinrestaurants. Selbst verwöhnte oder gut geschulte Gaumen scheuen das Gedränge der besten Buden nicht. Denn sie alle wollen »diese Speisen genießen, die schon eine Art Vollkommenheit erreicht haben«, meint Tom. »Da gehe auch ich hin.« Manchmal ist eben teurer nicht besser.

FISCHFALAFELN mit israelischem Couscous-Salat und eingelegten Zitronen, dazu grüne und rote Tahina-Sauce

Ich habe mich entschieden, in dieses Buch kein Rezept für die klassische Falafel aufzunehmen; es findet sich sowieso in jedem Kochbuch, das sich kulinarisch der Region widmet. Ich habe mich für zwei feine Alternativen entschieden, die ich Ihnen hier verrate. Fischfalafeln werden zwar auch mit Kichererbsen hergestellt, aber der Hauptanteil ist frischer Fisch. Eine leicht herzustellende Zutat sind eingelegte Zitronen. Sie verleihen jedem Gericht sofort und ohne viel Aufwand eine orientalische Note. Eingelegte Zitronen halten sich monatelang, wenn man sie in ein zuvor abgekochtes Glas einlegt und sie an einem kühlen, dunklen Ort aufbewahrt. Man kann auch Gewürze hinzufügen, z. B. Lorbeerblätter, Chilischoten, Pimentkörner, Sternanis oder Zimtstangen. Israelischer Couscous ist kein normaler Couscous, sondern geröstete Pasta in Form kleiner Kügelchen, die an Couscous erinnern.

FÜR 6–8 PORTIONEN

Für die Fischfalafeln

100 g Kichererbsen, über Nacht
   in Wasser eingeweicht
500 g Meerbrassen- oder
   Zackenbarschfilet
2 Handvoll Petersilienblätter,
   fein gehackt
1 Handvoll Korianderblätter,
   fein gehackt
2 Knoblauchzehen,
   fein zerdrückt
1 kleine Zwiebel, geschält
   und sehr fein gehackt
Salz und weißer Pfeffer
   aus der Mühle
etwa 1–1½ l Öl
   zum Frittieren

Die Fischfalafeln

◆ Kichererbsen abspülen, in frisches Wasser (ohne Salz) einlegen und zum Kochen bringen. Die Hitze reduzieren und die Kichererbsen etwa 2 Stunden weich köcheln lassen. Anschließend abgießen und auskühlen lassen.
Kichererbsen, Fischfilet, Petersilienblätter, Korianderblätter, Knoblauch und Zwiebeln durch den Fleischwolf drehen. Die Masse mit den Händen kräftig kneten und mit Salz und Pfeffer würzen. In eine Schüssel geben, abdecken und im Kühlschrank mindestens 30 Minuten ziehen lassen. Anschließend mit feuchten Händen walnussgroße Kugeln formen und diese etwas flach drücken. Nochmals 30 Minuten kalt stellen. In der Zwischenzeit reichlich Öl (mindestens 5 cm hoch) in einem Topf erhitzen. Die optimale Temperatur sind 170 °C. Die Falafeln in kleinen Portionen etwa 3 Minuten goldbraun frittieren. Herausnehmen und auf Küchenpapier abtropfen lassen.

☛ *Wenn man keinen Fleischwolf hat, kann man die Masse auch in der Küchenmaschine mit Impulsen fein hacken. Aber Vorsicht, dass die Masse nicht zu Püree wird!*

FISCHFALAFELN mit israelischem
Couscous-Salat und eingelegten Zitronen,
dazu grüne und rote Tahina-Sauce

Für den Salat
4 EL Olivenöl
250 g Ptitim (in Couscousform,
    siehe auch Seite 173)
Salz
½ eingelegte Zitrone
    (siehe unten)
50 g getrocknete Tomaten,
    in Streifen geschnitten
2 Stangen Bleichsellerie,
    in kleine Würfel geschnitten
1 Handvoll Petersilienblätter,
    fein gehackt
schwarzer Pfeffer
    aus der Mühle

Für die Tahina-Sauce
200 g Tahina
Saft von 1 Zitrone
1 Knoblauchzehe, geschält
    und zerdrückt
Salz und schwarzer Pfeffer
    aus der Mühle
120 ml Wasser

Für die grüne Tahina-Sauce
zusätzlich
1 Handvoll Petersilienblätter,
    sehr fein gehackt
½ Handvoll Minzeblätter,
    sehr fein gehackt
½ Handvoll Korianderblätter,
    sehr fein gehackt

Für die rote Tahina-Sauce
zusätzlich
5 EL süße Chilisauce

Für die eingelegten Zitronen
Ergibt 1 Vorratsglas
5–8 Biozitronen,
    in Viertel geschnitten
250 g Meersalz
500 ml Olivenöl

☛ Man sollte die Zitronen mindestens zwei Wochen vor ihrer Verwendung einlegen. Sie halten sich viele Wochen. Am meisten Geschmack haben sie nach ein bis zwei Monaten.

Der Salat

◆ Das Olivenöl erhitzen und die Ptitim kurz anbraten. 400 ml Wasser dazugeben und salzen. Zum Kochen bringen und etwa 6 Minuten (oder nach Packungsanweisung) köcheln lassen, bis sie bissfest sind. Die Ptitim vom Herd nehmen, auskühlen lassen und in eine Salatschüssel geben.
Zwei der eingelegten Zitronenschnitze (siehe unten) aus dem Glas nehmen. Das Fruchtfleisch abschaben und wegwerfen. Die Schale in feine Streifen schneiden, mit den Ptitim sowie den restlichen Zutaten vermengen und mit Salz und Pfeffer würzen.

Die Tahina-Sauce

◆ Die genannten Zutaten mit dem Schneebesen oder dem Pürierstab vermengen, dabei das Wasser nach und nach angießen. Möglicherweise benötigt man etwas mehr Wasser, um die gewünschte Konsistenz zu erreichen. Die Tahina-Sauce sollte so dick- bzw. dünnflüssig sein, dass sie zäh von den Falafeln tropft, wenn man sie darübergießt.
Jeweils die Hälfte der Tahina-Sauce mit den zusätzlichen Zutaten für die grüne und die rote Tahina-Sauce mit dem Stabmixer glatt pürieren.

Die eingelegten Zitronen

◆ Die Zitronen und das Salz so in das vorher mindestens 5 Minuten ausgekochte Glas schichten, dass sich immer genügend Salz zwischen den Zitronenstücken befindet. Anschließend so viel Olivenöl angießen, dass die Zitronen bedeckt sind.

Anrichten

◆ Die Falafeln auf die Teller verteilen. Den Couscoussalat danebenlegen und die Falafeln mit den beiden Tahina-Saucen-Varianten überziehen. ✳

REIBEKUCHEN
mit Gewürzkompott und Rote-Bete-Sirup

Als wir beim »Masterchef«-Wettbewerb aufgefordert wurden, das Gericht zu kochen, das uns am besten in gute Laune versetzen würde, musste ich spontan an Reibekuchen denken. Um dem Gericht eine außergewöhnliche Note zu geben, fügte ich dem Kompott besondere Gewürze zu und bereitete – inspiriert vom heimatlichen Rübenkraut, das es in Israel leider nicht gibt – dazu einen Rote-Bete-Sirup. Einer der Juroren sagte, die Reibekuchen seien so lecker, dass es schon »krankhaft« sei. Der andere sagte, er wolle sie von nun an jeden Abend essen …
Dem kann ich nur zustimmen, aber ganz unter uns: Ich esse die Reibekuchen am liebsten am nächsten Tag: kalt auf Schwarzbrot mit Butter. Daher mein Tipp: am besten die doppelte Portion zubereiten.

FÜR 4–6 PORTIONEN

Für die Reibekuchen
1 kg festkochende
    Kartoffeln
2 Zwiebeln
2 Eier
1 TL Salz
etwa 200 ml
    neutrales Öl

Die Reibekuchen

◆ Die Kartoffeln schälen und mittelgrob reiben.
Die Zwiebeln schälen und fein hacken.
Die Kartoffeln in einem Spitzsieb 30 Minuten lang immer wieder sorgfältig ausdrücken. Anschließend mit den übrigen Zutaten in einer Schüssel vermengen.
So viel Öl in eine große schwere Pfanne geben, dass der Boden gut bedeckt ist. Die Reibekuchen sollen, nachdem sie einmal angebraten sind, leicht schwimmen können.
Das Öl kräftig erhitzen, perfekt sind 170 °C, und die Kartoffeln portionsweise von beiden Seiten goldbraun braten. Für besonders schön geformte Reibekuchen den Teig im Metallring (8–12 cm Durchmesser) anbraten.

REIBEKUCHEN
mit Gewürzkompott und
Rote-Bete-Sirup

☛ *Für mich, der ich sozusagen ein »Kölscher Jung« bin, weckt der Rievkooche, der kleine Fladen aus geriebenen Kartoffeln, immer wieder Heimatgefühle. Reibekuchen gab es im Haus meiner Eltern oft. Er gehört sozusagen zum Kulturgut der Kölner. Man möchte es kaum glauben, aber bis zum 18. Jahrhundert kannten die Kölner die Kartoffel nicht. Und heute wird dem Rievkooche als der »Kölner Götterspeise« gehuldigt. Ehemals Armeleuteessen, hellt er die Stimmung auf, ist Nahrung für Körper, Geist und Seele. Es gibt ihn in einfachen Buden und in schicken Restaurants. Am besten isst man den Reibekuchen mit jemandem, dem man zugeneigt ist, denn wie schreibt der Kölner Schriftsteller Jürgen Becker: »Reibekuchen allein backen, alleine essen, vollkommen sinnlos.« Mein Traum ist, Reibekuchenbuden in Israel zu etablieren.*

Für das Gewürzkompott

6 Äpfel
4 Birnen
100 g brauner Zucker
1 Zimtstange
1 Sternanis
2 Kardamomkapseln
etwa 200 ml Wasser
1 Prise Salz

Für den Rote-Bete-Sirup

Saft von 8 frischen
      geschälten Rote-Bete-
      Knollen
Saft von 2 Äpfeln
Saft von 1 Orange
50 g brauner Zucker
1 Prise Salz

☛ *Den Rote-Bete-Sirup kann man auch mit weniger Apfel- bzw. Orangensaft zubereiten oder ganz darauf verzichten.*

Das Gewürzkompott

◆ Die Äpfel und die Birnen schälen, das Kerngehäuse entfernen und das Fruchtfleisch in kleine Würfel schneiden. Alle Zutaten in einem breiten Topf bei leichter Hitze und mit wenig Wasser weich kochen. Je nach Bedarf immer wieder etwas Wasser zugießen, aber nur so viel, dass am Ende keine Flüssigkeit übrig bleibt. Die Gewürze herausnehmen und das Obst mit einem Kartoffelstampfer teilweise zerstampfen.
◆ Vor dem Servieren auskühlen lassen.

Der Rote-Bete-Sirup

◆ Die genannten Zutaten in einem Topf mit dickem Boden reduzieren, bis eine sirupartige Konsistenz erreicht ist. Anschließend die Hitze reduzieren, damit der Zucker im Sirup nicht verbrennt.

Anrichten

◆ Jeweils drei Reibekuchen halb übereinanderliegend auf dem Teller anordnen. Das Kompott und den Sirup in einem kleinen Gefäß samt Teelöffel danebenstellen. ✳

TOMATENSALAT

Eine Mahlzeit ohne Tomaten kann man sich in einem mediterranen Land kaum vorstellen. Ob sie heiß oder kalt, in der Sauce verkocht, als Beilage gegrillt oder im Salat in Scheiben, halbiert oder gewürfelt serviert werden – auch in Israel dreht sich alles um die rote, gelbe, grüne oder getigerte, mal runde, mal längliche Frucht. Die Tomaten, die sich in Form und Farbe unterscheiden, variieren auch in ihrer Konsistenz und in ihrem Geschmack.

Kirschtomaten führt heutzutage nicht nur jeder Obst- und Gemüsehändler, sondern jeder Supermarkt. Das war nicht immer so. Nicht weil sich der Welthandel entwickelt und die Lieferlogistiken sich so verbessert haben, dass wir rund ums Jahr fast alles Obst und Gemüse kaufen können, egal, ob gerade Sommer oder Winter ist. Die Kirschtomaten haben ihr Vorkommen auf dem ganzjährigen Speiseplan und ihre Verwendung in den feinsten Restaurants zuallererst ihrem Erfinder zu verdanken: der israelischen Landwirtschaft.

FÜR 4–6 PORTIONEN

1 kg reife Tomaten, aber nicht nur
   eine Sorte, sondern so viele
   Formen und Farben, wie man
   nur finden kann

Für die Sauce
Saft von 1 Zitrone
1 TL süßer, körniger Senf
1 TL Honig
90 ml Olivenöl
Salz und schwarzer Pfeffer
   aus der Mühle
1 TL frische Oreganoblätter
1 Handvoll Petersilienblätter

☛ Hat man keinen süßen Senf zur Verfügung, kann man »normalen« (mittelscharfen) Senf verwenden, dem man einen ½ Teelöffel Honig zufügt.

Zubereitung

◆ Die Tomaten waschen und abtrocknen. Anschließend in verschiedene Formen schneiden, Kirschtomaten am besten quer halbieren.

Die Sauce vorzugsweise gleich in einer Salatschüssel zubereiten. Zitronensaft, Senf und Honig in die Schüssel geben, zum Schluss das Olivenöl, und die Sauce mit einem kleinen Schneebesen oder einer Gabel verquirlen. Mit Salz und Pfeffer nach Belieben würzen. Die Tomaten hinzufügen und mit den Petersilien- und Oreganoblättern bestreuen. Fertig! ✽

EIERSALAT mit zweierlei Senf und zweierlei Zwiebeln

Eiersalat ist ein Klassiker – sowohl zu einfachen Mahlzeiten als auch zu Festtagsgerichten. Eier sind ihrer Einordnung nach *parve*, das heißt, sie sind weder milchig noch fleischig und können daher sowohl mit dem einen als auch dem anderen gegessen werden.

Das Ei ist im Judentum ein besonderes Symbol. Es symbolisiert das jüdische Volk selbst am Sederabend zu Passah. Das Ei ist das einzige Lebensmittel, das immer härter wird, je länger man es kocht.

Nahezu jede Hausfrau (oder jeder Hausmann) oder jeder Koch bereitet irgendwann Eiersalat zu – und jeder bereitet ihn ein wenig anders zu. Dies ist meine Version, die immer wieder reißenden Absatz findet.

FÜR 6-8 PORTIONEN

6 EL Mayonnaise, am besten
    hausgemacht
    (siehe Seite 152)
1 EL Dijon-Senf, mittelscharf
1 EL Dijon-Senf, ganze Körner
½ TL Zucker
1 rote Zwiebel, geschält
    und fein gehackt
1 kleines Bund Schnittlauch,
    in Röllchen geschnitten
10 Eier, hart gekocht
    und geschält
Salz und schwarzer Pfeffer
    aus der Mühle

◆ Die Mayonnaise, die Senfsorten und den Zucker in eine Anrichteschüssel geben und mit 3 Esslöffeln Wasser vermengen. Die Zwiebeln und den Schnittlauch dazugeben, dabei einen Esslöffel Schnittlauch für das spätere Garnieren unter einem feuchten Küchenpapier beiseitestellen.

Die Eier in zwei Richtungen in Scheiben schneiden (am besten gelingt das mit einem Eischneider) und unter die Sauce rühren. Mit Salz und Pfeffer würzen. Bei Bedarf noch etwas Wasser dazugeben. Mit dem beiseitegestellten Schnittlauch bestreuen und servieren. ✳

☛ *Wenn eine Zutat, wie hier die Eier, ungesalzen in ein Gericht kommt, zieht sie aus den übrigen Zutaten Salz. Das ist ein natürlicher Konzentrationsausgleich, der sich Diffusion nennt. Häufig muss man daher solche Gerichte vor dem Servieren nachsalzen.*

ÜBERRASCHUNGEN AUS DEM OFEN

LACHS-SPARGELCREME-
Quiche

Von dieser Quiche sagte die Jurorin beim »Masterchef«-Wettbewerb Michal Anski, dass sie so gut sei, dass danach ihr Leben wohl nicht mehr dasselbe sein würde. Ich servierte dieses Gericht den Juroren als Hommage an die Quiche. Anstatt den Teig in der klassischen Form und mit der Füllung im Ofen zu backen, backte ich den Teig in Scheiben und baute daraus mit der Füllung (ohne Eier) einen kleinen Turm. Dieses Rezept ist das für eine klassische Quiche, die man nach Belieben in einer runden, ovalen oder rechteckigen Form backen kann.

FÜR 6 PORTIONEN

Für den Teig
175 g Butter,
     in Würfel geschnitten
250 g Mehl
1 Ei
2 EL kaltes Wasser
½ TL Salz

Für die Füllung
50 g kalte Butter
50 g Olivenöl
3 mittelgroße Zwiebeln,
     geschält und fein gehackt
Salz und schwarzer Pfeffer
     aus der Mühle
1 Glas Weißwein
300 g Sahne
200 g Räucherlachs
500 g grüner Spargel
4 Eier
frisch geriebene Muskatnuss

Der Teig

◆ Die Butter in der Küchenmaschine kurz durchkneten. Die übrigen Zutaten dazugeben und bei mittlerer Geschwindigkeit nun so lange kneten, bis ein glatter Teig entsteht. Den Teig zu einer Kugel formen und in Frischhaltefolie gewickelt mindestens 1 Stunde in den Kühlschrank legen. Den Teig kann man auch gut einen Tag vorher vorbereiten und sogar ein bis zwei Wochen einfrieren.

Die Füllung

◆ Die Butter und das Olivenöl in einer großen Pfanne erhitzen und die Zwiebeln bei leichter bis mittlerer Hitze glasig anschwitzen. Dabei mit etwas Salz bestreuen. Den Weißwein angießen und reduzieren. Die Sahne hinzufügen und bei leichter Hitze köcheln lassen, bis die Sauce um ein Drittel reduziert ist. Anschließend die Sauce vom Herd nehmen.
Den Lachs in grobe Streifen schneiden. Die Masse in der Pfanne mit dem Lachs und den Eiern in einer Schüssel sorgfältig vermengen. Mit einer Messerspitze Muskat sowie Salz und Pfeffer würzen.

☞ Nicht nur wegen der Farbe sollte für dieses Rezept grüner und nicht weißer Spargel verwendet werden. Grüner Spargel schmeckt süßer, weil er weniger Asparaginsäure enthält. Und selbstverständlich sollte der Spargel möglichst ganz frisch sein.

Fertigstellung

◆ Reichlich Salzwasser zum Kochen bringen. In der Zwischenzeit den grünen Spargel im unteren Drittel schälen und die Enden abschneiden. Eine Schüssel mit kaltem Wasser oder, noch besser, mit Eiswürfeln bereitstellen.

Die Spargelstangen in dem kochenden Wasser je nach Dicke der Stangen 2–5 Minuten blanchieren. Die Spargelstangen herausnehmen und im kalten (Eis-)Wasser abkühlen lassen.

Den Backofen auf 180 °C vorheizen.

Den Teig aus dem Kühlschrank nehmen und auf einer bemehlten Arbeitsfläche zu einer ½ cm dicken Scheibe ausrollen. Sie muss groß genug sein, um in die Auflaufform zu passen und dazu noch einen 3 cm hohen Rand zu bilden. Die Form mit dem Teig auslegen.

Nun den Teig zunächst blind backen. Dazu auf dem Teig Backpapier auslegen und mit Trockenbohnen, -erbsen oder -kichererbsen füllen. 20 Minuten backen, bis der Teig etwas Farbe angenommen hat. Anschließend das Backpapier samt Hülsenfrüchten entfernen.

Den Spargel aus dem Wasser nehmen und trocken tupfen. Die Stangen in 4–5 cm lange Stücke schneiden und die Spitzen beiseitelegen.

Die Spargelstücke mit der Füllung vermengen und das Ganze in die Form füllen. Die Spargelspitzen darüber verteilen.

Die Form in den heißen Ofen geben und 20–25 Minuten goldbraun backen.

Anrichten

◆ Die Form aus dem Ofen nehmen und die Quiche 5 Minuten ruhen lassen. In der Form in Stücke schneiden und servieren. ✳

SÜSSKARTOFFEL-SPINAT-
Lasagne mit Béchamelsauce

Diese Lasagne ist eines meiner Lieblingsgerichte. Ich habe sie erfunden, nachdem ich anfing, Kaschrut einzuhalten und damit die klassische Lasagne mit Hackfleisch, Béchamel und Käse nicht mehr essen konnte. Mit der Creme von Süßkartoffeln, dem Spinat und der leckeren Béchamelsauce ist diese Lasagne so reich an Geschmack, dass man gar nicht erst auf den Gedanken kommt, hier könne Fleisch fehlen.

☛ *Wer mag, kann die Süßkartoffeln auch ohne Salz backen. Nicht vergessen, das Blech vorher mit Backpapier auszulegen.*

FÜR 6 PORTIONEN

Für die Süßkartoffelcreme
1 kg etwa gleich
    große Süßkartoffeln
500 g grobes Salz
4 EL Olivenöl
2 Zwiebeln, geschält
    und fein gehackt
200 g Sahne
Salz und schwarzer Pfeffer
    aus der Mühle
Thymian, getrocknet

Die Süßkartoffelcreme

◆ Den Backofen auf 180 °C vorheizen.
Die Süßkartoffeln auf ein Backblech mit dem groben Salz legen und im heißen Ofen etwa 50 Minuten garen. Die Kartoffeln länger backen, wenn das Kartoffelinnere nach dieser Zeit noch nicht völlig gar ist. Anschließend die Kartoffeln abkühlen lassen.
Das Olivenöl in einer Pfanne erhitzen und die Zwiebeln anschwitzen, bis sie weich und goldbraun sind.
Das Fleisch der Süßkartoffeln mit einem Löffel aus der Schale lösen. Zusammen mit den Zwiebeln und der Sahne mit dem Stabmixer glatt pürieren. Mit Salz, Pfeffer und Thymian würzen. Die Konsistenz der Masse soll so sein, dass sie gut zu streichen ist. Sie darf daher keinesfalls zu flüssig sein. Sollte die Masse zu kompakt sein, etwas Milch hinzufügen und einrühren.

Für die Béchamelsauce
50 g Butter
50 g Mehl
500 ml warme Milch
frisch geriebene Muskatnuss
Salz

Außerdem
Olivenöl
12 Lasagneblätter
150 g Spinat, in Salzwasser
    blanchiert
100 g Mozzarella, gerieben

Die Béchamelsauce

◆ Die Butter bei mittlerer Hitze in einem Topf zerlassen und das Mehl mit einem Schneebesen einrühren.

2–3 Minuten bei leichter Hitze anschwitzen, jedoch nicht bräunen. Dabei ständig mit dem Schneebesen rühren.

Den Topf vom Herd nehmen und die Milch nach und nach einrühren.

Den Topf wieder auf den Herd stellen. Nun die Sauce aufkochen lassen und mit Muskat und Salz würzen.

8–10 Minuten köcheln lassen, dabei immer wieder rühren. Die Konsistenz der Béchamelsauce soll etwas flüssiger als die der Süßkartoffelcreme sein, damit sich die Pasta gut vollsaugen kann. Falls erforderlich, noch etwas Milch einrühren. Damit die Sauce keine Haut bildet, ein Stück Butter über die Oberfläche ziehen.

Fertigstellung

◆ Den Backofen auf 180 °C vorheizen.

In einer großzügig mit Olivenöl ausgestrichenen ofenfesten, etwa 20 x 30 cm großen Form die Zutaten nach Belieben in mehreren Schichten aufbauen. Zum Schluss mit dem Mozzarella bestreuen und mit Olivenöl beträufeln. Die Form in den heißen Ofen geben und die Lasagne etwa 45 Minuten backen. Vor dem Aufschneiden etwas ruhen lassen, anschließend servieren. ✳

OFENSÜSSKARTOFFELN
mit süß-scharfer Kräuterbutter

Die Süßkartoffel (auch Batate, Kumara oder Camote genannt) hat schon immer eine besondere Anziehung auf mich gehabt, auch als ich noch nicht wusste, wie man sie zubereitet. Das lag vielleicht daran, dass ich gerne Kartoffeln und Süßes mag. Allerdings ist die Süßkartoffel mit ihrem Namensvetter, der Kartoffel, nicht verwandt. Schon von den Mayas, Inkas und Azteken geschätzt, hat sie sich später über alle Kontinente verbreitet.

Auf meinem Speisezettel hat die Süßkartoffel heute ihren festen Platz. Ihr Geschmack ist oft so süß wie eine Karotte, manchmal kürbisähnlich nussig, ja hin und wieder finde ich Süßkartoffeln, deren Geschmack Maronen ähnelt.

Für die Küche ist die Süßkartoffel ein Gewinn. Sie schmeckt als Suppe oder Sauce, wobei ich empfehle, die Süßkartoffel, wie hier im Rezept, vorher im Ofen zu backen anstatt zu kochen. Sie schmeckt sogar auch als Kuchen oder Dessert.

Großartig sind diese Ofenkartoffeln mit Kräuterbutter als Vorspeise oder als Beilage zu einem Fischgericht. Sie passen auch wunderbar zu Fleisch, dann aber ganz schlicht mit Olivenöl und Salz anstatt Kräuterbutter.

FÜR 6 PORTIONEN

Für die Kräuterbutter
250 g Butter
½ TL Rosmarin, getrocknet
    und gerebelt
½ TL Thymian, frisch
    oder getrocknet
1 Chilischote,
    ganz fein gehackt
½ TL brauner Zucker
Salz und schwarzer
    Pfeffer aus der Mühle

Für die Süßkartoffeln
6 Süßkartoffeln
    mittlerer Größe
    (300–400 g pro Knolle)
1–2 kg grobes Salz

☛ *Das Salz dient zusätzlich zur Hitze des Ofens dazu, den Süßkartoffeln Flüssigkeit zu entziehen. Zudem sollen die Süßkartoffeln infolge der Temperatur leicht karamellisieren. Sie verlieren im Ofen 15–25 Prozent an Masse.*

Die Kräuterbutter

◆ Die Butter in der Küchenmaschine oder mit dem Handmixer schaumig schlagen und die restlichen Zutaten unterrühren, dabei nach Belieben mit Salz und Pfeffer würzen. In ein passendes Gefäß füllen und kalt stellen.

Die Süßkartoffeln

◆ Den Backofen auf 180 °C vorheizen. Einen Bogen Backpapier auf ein Backblech legen und das grobe Salz darauf ausstreuen. Die Süßkartoffeln darauflegen und in den heißen Ofen schieben. Nach etwa 25 Minuten die Süßkartoffeln wenden und noch weitere 20 Minuten im Ofen lassen. Mit einem kleinen Messer testen, ob sie innen ganz weich sind. Sie dürfen unter der Schale ruhig schon dunkel werden.

Anrichten

◆ Die Süßkartoffeln vorsichtig aus dem Salz heben und auf einem Teller der Länge nach aufschneiden und etwas aufklappen. In die Öffnung eine Portion Kräuterbutter geben. ✳

ROTE SUPPE aus Röstgemüse mit Korianderpesto

Vor einigen Jahren wohnte ich drei Monate bei einem lieben Freund, der allerdings eine recht schlecht ausgerüstete Küche hatte. In dieser Zeit experimentierte ich sehr viel mit Gerichten, die sich in einem Topf zubereiten lassen. Im Nachhinein war das ein Glücksfall, dem ich viele tolle Ideen und vor allem Suppen zu verdanken habe. Die Rote Suppe aus Gemüse, das ich vorher im Ofen gegrillt habe, ist eine davon. Die Suppe schmeckt sowohl heiß wie kalt.

FÜR 10 PORTIONEN

Für die Suppe
500 g reife Tomaten
2 rote Paprikaschoten
2 gelbe Paprikaschoten
2 orange Paprikaschoten
5 Knoblauchzehen, geschält
2 Rosmarinzweige
2 Thymianzweige
8 EL Olivenöl
Salz und schwarzer Pfeffer
    aus der Mühle
700 ml Tomatensaft

Für das Pesto
1 Knoblauchzehe, geschält
    und zerdrückt
Olivenöl
1 Bund Koriander, gewaschen
    und trocken geschüttelt
20 g Cashewkerne,
    grob zerstoßen
20 g Pinienkerne, grob zerstoßen
Salz und schwarzer Pfeffer
    aus der Mühle

Außerdem
100 g süße oder saure Sahne

Die Suppe

◆ Den Backofen auf 220 °C vorheizen und ein Backblech mit Backpapier auslegen. Die Tomaten in Viertel schneiden. Die Paprikaschoten halbieren. Die Kerne und den Stielansatz entfernen und das Fruchtfleisch in große Stücke schneiden. Die Tomaten, die Paprikas und den Knoblauch zusammen mit dem Rosmarin und dem Thymian in einer Schüssel mit Olivenöl, Salz und Pfeffer vermengen und auf dem Backblech gleichmäßig verteilen.
Das Ganze 30–45 Minuten im heißen Ofen backen. Das Gemüse soll weich werden und darf von der Oberhitze ruhig ein paar dunkle Stellen bekommen. Die Röststoffe geben der Suppe ein wunderbares Aroma.
Die Rosmarin- und die Thymianzweige entfernen und das gegrillte Gemüse mit allem Saft, der ausgetreten ist, in einen großen Topf geben und den Tomatensaft dazugießen. Mit dem Stabmixer pürieren und die Suppe durch ein Sieb passieren. Mit Salz abschmecken.

Das Pesto

◆ Den Knoblauch mit etwa 50 ml Olivenöl in den Mixer geben und fein pürieren. Das untere Drittel der Korianderstiele abschneiden und den oberen Teil grob gehackt mit den Cashew- und den Pinienkernen in den Mixer geben. So lange pürieren und so viel Olivenöl hinzufügen, bis das Pesto die gewünschte Konsistenz hat. Mit Salz und Pfeffer würzen.

Anrichten

◆ Wer mag, kann die Suppe mit süßer oder saurer Sahne verfeinern. Anschließend auf den Tellern verteilen und mit Korianderpesto dekorieren. ✳

CHALLA
Schabbatbrot

Am Schabbat spricht man den Segen über das Brot, von dem schon in der Bibel im 2. und im 4. Buch Mose die Rede ist. Für viele ist Challa daher auch die Mutter des Brotes oder gar die Königin. Challa ist der jüdische Teigzopf, der traditionell gemeinsam gegessen wird, um den Zusammenhalt der Familie immer wieder zu erneuern und zu festigen und für die Zukunft fortleben zu lassen. Um Challa zu backen, benötigt man etwa drei Stunden.

ERGIBT 2 CHALLOT

1 kg Mehl
1 Päckchen Trockenhefe
150 g Zucker
100 ml Rapsöl
2 Eier
1 TL Salz
1 verschlagenes Ei
1 EL Sesamsamen oder
   Mohn

◆ Mehl, Hefe, Zucker, Öl, Eier und Salz in die Küchenmaschine geben und verrühren. Etwa 300 ml lauwarmes Wasser und das Öl in kleinen Portionen dazugeben und weiterrühren, bis ein weicher, nicht klebriger Teig entstanden ist. Den Teig mit einem Tuch abdecken und an einem warmen Ort gehen lassen, bis sich das Volumen des Teiges verdoppelt hat.
Den Teig halbieren. Die Hälfte wiederum dritteln, jedes Teigstück zum Strang rollen und aus den drei Strängen einen Zopf flechten. Alternativ kann man ebenso gut nur einen dicken Strang formen und ihn zu einer Schnecke legen oder vier Stränge formen und daraus wie auf dem Foto auf der rechten Seite ein Geflecht machen.
Den fertigen Zopf auf einem mit Backpapier ausgelegten Backblech ein zweites Mal gehen lassen, bis der Teig sein Volumen wiederum fast verdoppelt hat. Wieder mit einem Tuch abdecken.
Den Backofen auf 180 °C vorheizen. Die Challot mit dem verschlagenen Ei einpinseln und mit Sesam oder Mohn bestreuen. Im heißen Ofen etwa 35 Minuten goldbraun backen. ✳

WURZELGEMÜSE aus dem Ofen
mit Joghurt-Honig-Tahina-Sauce

FÜR 6 PORTIONEN

Es macht Spaß, beim Gemüsehändler oder in der Gemüse-abteilung eines Supermarkts das Angebot in Gedanken danach zu sortieren, was unter der Erde, direkt am Boden und an Büschen oder Bäumen wächst – und daraufhin Gerichte zu komponieren. Auf diese spielerische Weise habe ich mein Wurzelgemüse aus dem Ofen entdeckt und lieben gelernt. Das Wurzelgemüse ist eine leckere Zwischenmahlzeit, aber ebenso gut als Beilage oder als kalte Vorspeise geeignet. Dazu serviere ich gerne eine leichte Tahina, die ich mit Joghurt und Honig zubereite.

Für das Wurzelgemüse

2 Rote-Bete-Knollen, geschält,
    ohne Stielansatz,
    in Viertel geschnitten
1 weiße Zwiebel, geschält
    und in Viertel geschnitten
1 rote Zwiebel, geschält
    und in Viertel geschnitten
1 Stange Lauch, den weißen
    Teil in dicke Scheiben
    geschnitten
4 Radieschen, halbiert
2 Möhren, geschält,
    in grobe Stücke geschnitten
5 Knoblauchzehen, geschält,
    im Ganzen oder zerdrückt
1 Süßkartoffel, geschält und
    in dicke Scheiben geschnitten
2 Kartoffeln, geschält
    und in Viertel geschnitten
2 Thymianzweige
½ Glas Olivenöl
½ Glas Rotwein
4 EL Aceto balsamico
2 EL brauner Zucker
Salz und schwarzer Pfeffer
    aus der Mühle

Für die Joghurt-Honig-Tahina-Sauce

400 g griechischer Joghurt
2 EL Tahina
1 EL Honig
1 Knoblauchzehe, geschält
    und fein zerdrückt
Salz und schwarzer Pfeffer
    aus der Mühle

Das Wurzelgemüse

◆ Den Backofen auf 180 °C vorheizen.
Die genannten Zutaten in eine große Schüssel geben und dabei mit Olivenöl, Wein, Aceto balsamico und dem braunen Zucker vermengen. Mit Salz und Pfeffer würzen.
Auf einem großen, mit Backpapier ausgelegten Backblech das Gemüse gleichmäßig verteilen. Im heißen Ofen 40–50 Minuten garen, dabei ein- bis zweimal vorsichtig wenden, damit das Gemüse möglichst viel mit der Sauce in Berührung kommt und so glaciert wird. Vor dem Servieren die Thymianzweige entfernen.

Die Joghurt-Honig-Tahina-Sauce

◆ Den Joghurt cremig rühren. Die Tahina und den Honig Löffel für Löffel in den Joghurt einrühren. Den Knoblauch hinzufügen und mit Salz und Pfeffer würzen. Die Sauce soll dickflüssig sein, aber dennoch leicht vom Löffel laufen. Wenn die Sauce zu dick ist, einfach mit etwas Wasser, das man wiederum Esslöffel für Esslöffel unterrührt, ver-dünnen, bis die gewünschte Konsistenz erreicht ist.

Anrichten

◆ Eine Portion Wurzelgemüse auf den Teller geben und mit Joghurt-Honig-Tahina-Sauce beträufeln. ✳

עוגת בראוניז ללא סוכר   ש"ח
עוגת גזר ללא סוכר   29 ש"ח

‫נואה פקאן
‫רנולה   35 ש"ח
‫יבה שטרויזל   42 ש"ח
‫בראוניז   45 ש"ח
‫דורי שוקולד   45 ש"ח

76

Tahina: altes neues Superfood

Manche Liebeserklärungen fallen einem leicht. »Ich liebe Tahina«, verkündet Tom denn auch rückhaltlos. »Sie war eine der großen kulinarischen Entdeckungen für mich, als ich nach Israel kam«, sagt er. Tahina, oft auch Tahini oder Tehina genannt, ist eine Paste aus fein gemahlenen Sesamkörnern. Sie ist seit mehr als 5 000 Jahren Bestandteil der menschlichen Ernährung, gilt als eine der ältesten kultivierten Nahrungsmittel und fand schon vor Jahrtausenden ihren Weg aus Indien in den Nahen Osten. Hier erklärten die Assyrer Sesamöl zum Göttertrunk, würzten Bäcker im Ägypten der Pharaonen ihre Brote mit den kleinen Kernen, ließen sich im alten Babylon Damen Halva munden, ein süßer Nachtisch aus Tahina und Honig. Diese schmeckt nämlich nicht nur köstlich, sondern soll auch dabei helfen, Jugend und Schönheit zu bewahren. Römische Soldaten schätzten Halva als schmackhafte, lang haltbare und energiereiche Wegzehrung.

❖

Heutzutage bezeichnen manche Tahina sogar als »Superfood« – also als besonders gesundes Essen. Sie enthält besonders viele Nährstoffe, fast ohne negative Zusätze. Ernährungsberater empfehlen die Paste, weil sich in ihr viele Antioxidantien, Vitamine und Mineralien verstecken. Außerdem enthält sie Lezithin, Kalzium und alle wichtigen Aminosäuren. Der Proteingehalt der kleinen Samen ist doppelt so hoch wie der der Sojabohnen. Zudem ist sie wegen ihres hohen pH-Wertes besonders leicht verdaulich.

❖

Schwer verständlich also, weshalb Sesam und seine Produkte in so vielen Kochbüchern zu kurz kommen. Viele erwähnen sie höchstens nebenbei als eine Zutat für den Hummus, der vielen als israelische Nationalspeise bekannt ist. Viele Israelis haben eine Lieblingshummusbude, auf deren Kichererbsenpaste sie schwören und für die sie auch mal bereit sind, zwei Autostunden Fahrt in Kauf zu nehmen. Doch für Tahina verlassen Israelis nicht ihr Heim.

❖

Das kann Tom kaum nachvollziehen, denn so vielseitig, gesund und köstlich wie Tahina ist kaum eine Zutat. Und deswegen bestand er darauf, dass diesem alten Nahrungsmittel, das von immer mehr Köchen neu entdeckt wird, hier besondere Aufmerksamkeit zuteil wird. Werden Sesamsamen hinzugefügt, verleiht deren knackige Textur Gerichten zusätzlichen Pfiff. Weiße Sesampaste, die aus geschälten Samen hergestellt wird, besticht durch ihren vollmundigen, nussigen Geschmack. Dunkle Tahina aus ungeschälten Sesamkörnern ist zwar bitterer, enthält dafür aber mehr Nährstoffe und Mineralien. Ob zu Vorspeise, Hauptgericht oder Nachtisch: Wer Tahina erst einmal als Zutat entdeckt hat, wird für sie immer neue Anwendungen finden.

JOGHURTBRÖTCHEN
mit Pesto aus getrockneten Tomaten und Zitronenbutter

Als Folge meines Sieges beim »Masterchef«-Wettbewerb entwickle ich heute in Israel im Auftrag von einigen Firmen für eine Auswahl ihrer Produkte Rezepte.

Eines meiner größten Projekte sind die Naturjoghurts von Danone, für die ich als Werbeträger agiere. Gemeinsam mit meiner Frau experimentiere ich und probiere Rezepte aus. Diese Tätigkeit ist aufregend, sie macht mir große Freude. Im Rahmen dieser Aufgabe sind auch die Joghurtbrötchen entstanden.

In Israel ist der Sonntag kein Ruhetag, am Sonntag beginnt für uns die Arbeitswoche. Und dennoch: Ich wüsste keine bessere und passendere Bezeichnung für diese geradezu himmlisch schmeckenden Brötchen als diese: »Sonntagsbrötchen«.

ERGIBT 12 BRÖTCHEN

550 g Mehl
1 Päckchen Trockenhefe
3 EL Honig
200 g Joghurt (3,5 %)
1 EL Rapsöl
½ TL Salz
1 verschlagenes Ei

Die Brötchen

◆ 150 g Mehl mit der Hefe, dem Honig und 240 ml lauwarmem Wasser in der Küchenmaschine kneten. Den Teig etwa 10 Minuten ruhen lassen, bis er anfängt, Blasen zu werfen. Nun Joghurt, Öl, Salz und 350 g Mehl dazugeben und mit den Knethaken der Küchenmaschine oder eines Handrührgeräts kräftig durchkneten. Der Teig soll weich und elastisch, keinesfalls klebrig sein. Nach Bedarf weiteres Mehl dazugeben und 5–7 Minuten weiterkneten. Den Teig herausnehmen und die Schüssel mit Öl einreiben. Den Teig mit einem Küchentuch abgedeckt an einem warmen Ort gehen lassen, bis er das doppelte Volumen erreicht hat. Vor Zugluft schützen.

Aus dem aufgegangenen Teig auf einer bemehlten Fläche mit den Händen die Luftblasen ausdrücken, indem man ihn ein- bis zweimal doppelt faltet und flachdrückt. Dann den Teig mit einem Messer halbieren, die Stücke noch einmal halbieren und diese dann dritteln, so dass man insgesamt 12 gleich große Teigstücke erhält. Diese Teigstücke zu Kugeln formen und

auf ein Backblech mit Backpapier mit etwas Abstand voneinander nebeneinanderlegen. Den Teig oben mit einem
Schnitt oder kreuzweise einschneiden und abgedeckt
weitere 25 Minuten gehen lassen.

Den Backofen auf 180 °C vorheizen. Die Teigbrötchen
mit dem verschlagenen Ei einstreichen und das Backblech
in den Ofen schieben. Etwa 20 Minuten backen, bis die
Brötchen auf der Ober- und Unterseite goldbraun sind.
Die Brötchen auf einem Backgitter auskühlen lassen.

Das Tomatenpesto

◆ Die genannten Zutaten in einen Mixer geben und die
Hälfte des Öls hinzufügen. Die Geschwindigkeit des
Mixers erhöhen und das restliche Öl langsam angießen,
bis die gewünschte Konsistenz erreicht ist.

Die Zitronenbutter

◆ Die Butter mit dem Handrührgerät schaumig schlagen.
Zitronenzesten und -saft, das Salz und 1 Esslöffel Zucker
dazugeben und einige Minuten weiterschlagen. Die Butter
soll ausgeglichen süß und sauer sein. Abschmecken und
bei Bedarf weiteren Zucker einstreuen. Die Butter in
Frischhaltefolie oder in einer Dose im Kühlschrank fest
werden lassen. Die Zitronenbutter wird nach einigen
Tagen immer leckerer, also am besten wenigstens einen
Tag vorher zubereiten. ✳

Für das Tomatenpesto
200 g getrocknete Tomaten
2 Knoblauchzehen,
    geschält und zerdrückt
1 TL Thymian, getrocknet
    oder frisch
1 TL Rosmarin, gerebelt
etwa 150 ml Olivenöl

Für die Zitronenbutter
200 g weiche Butter
1 EL Zesten von 1 Biozitrone,
    fein gehackt
Saft einer ½ Zitrone
Salz
1–2 EL Zucker

*☛ Die Menge des
Öls hängt sehr davon
ab, wie stark die
Tomaten getrocknet
waren. Wenn man Öl
sparen will, kann man
die Tomaten eine
Stunde vorher in
Wasser einlegen und
dann abgetropft in den
Mixer geben.*

KNUSPRIGE OFENZWIEBEL
und Ofenknoblauch

Zwiebeln und Knoblauch haben ihren festen Platz in meiner Küche. Das kommt nicht von ungefähr. Irgendwann habe ich entdeckt, dass das Geheimnis vieler guter Rezepte darin liegt, sich zu Beginn dem geduldigen Anschwitzen von Zwiebeln und Knoblauch zu widmen. Meine Frau hat für meine Liebe zu Zwiebeln und Knoblauch ziemlich rasch Verständnis entwickelt. Doch nicht nur das. Sie hat sich eines Tages selbst daran gemacht, sie kulinarisch zu Ehren kommen zu lassen. Hier ist ihr Rezept für die gratinierten Zwiebeln und den »Ofenknoblauch«.

FÜR 6 PORTIONEN

6 mittelgroße Zwiebeln, geschält
2 Knoblauchknollen, vorzugsweise frisch
150 ml Olivenöl
Salz und schwarzer Pfeffer aus der Mühle
12 EL Panko (japanisches Paniermehl) oder Semmelbrösel
2 TL Thymian, getrocknet
¼ TL Chiliflocken

◆ Den Backofen auf 170 °C vorheizen.
Die Zwiebeln am oberen und unteren Ende etwa ½ cm abschneiden und quer halbieren. Das obere Stück der Knoblauchknollen ½–1 cm so abschneiden, dass alle Knoblauchzehen zu einem Drittel aufgeschnitten sind. Eine Backform, die groß genug ist, dass sämtliche Zwiebelhälften und der Knoblauch nebeneinanderpassen, mit 2 Esslöffeln Olivenöl einpinseln und etwas Salz darin verstreuen. Die Zwiebeln und den Knoblauch in die Form setzen und die Schnittflächen jeweils mit 1 Teelöffel Olivenöl einpinseln.
Das Panko in einer kleinen Schüssel mit Thymian, Chili sowie Salz und Pfeffer vermischen. Mit 3–4 Esslöffeln Olivenöl verrühren und auf den Zwiebeln (nicht auf dem Knoblauch!) gleichmäßig verteilen.
Die Backform in den Ofen schieben und 35–40 Minuten backen, bis Zwiebeln und Knoblauch weich sind und das Panko knusprig ist.

Anrichten

◆ Heiß aus dem Ofen oder bei Zimmertemperatur servieren. ✳

FILOSCHNECKEN
mit Käse-Kräuter-Füllung und pikantem Bisbas

Filoschnecken schmecken wunderbar, vor allem wenn sie eine feine Füllung haben. Aber auch solo sind sie lecker, jedoch gibt ihnen dieses pikante Bisbas zusätzlich noch Frische.

Bisbas – was ist das? Bisbas ist eine erfrischende Tomatensauce, die mein Schwiegervater zu Familienfeiern für die Gäste und sonst regelmäßig für sich selber macht. Egal, wie viel er davon vorbereit, niemals bleibt auch nur etwas übrig.

Genau genommen hat er nicht nur die Sauce, sondern auch den Namen Bisbas erfunden. Um Bisbas herzustellen, braucht man wiederum Zhug. Zhug kann man auch selber machen, so wie mein Schwiegervater, der sich einmal pro Monat etwa ein halbes Kilo davon selbst zubereitet. Das allerdings ist eine große Menge für Fortgeschrittene in Sachen »scharf essen«.

Die Schärfe von Bisbas kann man mit der Zugabe von Zhug nach Belieben steuern. Zhug ist ein Teufelszeug. Es gehört zu den schärfsten Gewürzpasten der Levante. Jemenitische Juden haben es nach Israel mitgebracht, und heute hat es sich einen festen Platz in den Kühlschränken der israelischen Haushalte gesichert. Es dauert ein wenig, bis man mit Zhug auf du und du ist. Aber irgendwann vermisst man es, wenn es nicht im Kühlschrank steht. Zhug ist ein genialer Scharfmacher. Man kann es Gerichten untermischen oder einfach auf eine Unterlage streichen.

☞ Filoteig gibt es tiefgefroren in vielen Supermärkten oder im türkischen Lebensmittelgeschäft unter dem Namen »Yufka«. Im griechischen Lebensmittelladen kann man ihn unter dem Namen »Fyllo« finden.

FÜR 6 PORTIONEN

Für die Filoschnecken
150 g junger Gouda, gerieben
150 g Feta, zerbröselt
50 g Pinienkerne, geröstet und grob gehackt
2 Handvoll Basilikum, fein gehackt
12 Filoteigblätter à 20–25 cm x 15 cm
50 g flüssige Butter
100 g Sahne

Die Filoschnecken

◆ Gouda, Feta, Pinienkerne und Basilikum in einer Schüssel mit der Hand locker vermischen.

Den Backofen auf 200 °C vorheizen.

Ein Filoteigrechteck von 20–25 x 15 cm Größe mit der längeren Kantenseite vor sich auf eine Arbeitsfläche legen und mit der Butter einpinseln. Etwa ein Zwölftel von der Käsemischung auf die gesamte Breite des Teiges entlang der Kante schmal häufen, zu den Rändern hin deutlich weniger als in der Mitte. Dann den Teig an den Seiten einschlagen und mit der Füllung bis zum Ende eng aufrollen.

FILOSCHNECKEN
mit Käse-Kräuter-Füllung
und pikantem Bisbas

Für das Bisbas
4 reife Tomaten
Saft einer ½ Zitrone
2 EL Olivenöl
½–2 TL Zhug (siehe unten)
Salz und schwarzer Pfeffer
    aus der Mühle

Zhug für ein Vorratsglas
(sehr scharfe Würzpaste aus
    Chilischoten und Gewürzen)
10 Knoblauchzehen, geschält
    und zerdrückt
5 milde Chilischoten
2 sehr scharfe grüne oder
    rote Chilischoten
1 TL Kreuzkümmel, gemahlen
½ TL Kardamom, gemahlen
¼ TL Koriandersamen,
    zerstoßen
½ TL schwarzer Pfeffer
    aus der Mühle
½ TL Salz
4 EL Olivenöl

*☛ Man kann auch
für einen leichten,
erfrischenden Dip
Zhug im Bisbas
weglassen.*

Die Rolle mit Butter einpinseln, vorsichtig zu einer Schnecke formen und in eine mit Backpapier ausgelegte Backform setzen. Ebenso mit dem restlichen Teig und der Füllung verfahren und die Schnecken in der Form dicht nebeneinanderlegen. Die Sahne gleichmäßig über die Schnecken träufeln und die Form 30–40 Minuten in den Ofen schieben. Der Teig wird die Sahne nahezu ganz aufnehmen, und die Schnecken werden goldbraun.

Das Bisbas
◆ Die Tomaten in Viertel schneiden und das Fruchtfleisch auf einer Reibe bis zur Schale abreiben. Die restlichen Zutaten dazugeben und verrühren. Mit Salz und Pfeffer würzen.

Das Zhug
◆ Die genannten Zutaten in einem Mixer zu einer feinen Paste pürieren. Bei Bedarf bzw. um die Masse besser verarbeiten zu können, teelöffelweise Wasser zugeben. In ein vorher mindestens 5 Minuten ausgekochtes Vorratsglas füllen und mit dem Olivenöl bedecken. Nach jeder Entnahme wieder mit Olivenöl bedecken. Im Kühlschrank hält sich Zhug auf diese Weise mindestens zwei Wochen.

Anrichten
◆ Die Filoschnecken am besten in der Form zu Tisch bringen. Das Bisbas in kleine Schälchen geben und die Filoschnecken darin eintunken. ✳

GERICHTE
FÜR JEDEN TAG

LAMM-KEBAB auf Zimt
mit Minz-Tahina

In Israel hat Grillen Tradition, man meint, es sei sogar eine Art Nationalsport geworden. Jede Art von Fleisch kommt auf den Rost. Dabei findet kein Barbecue ohne Kebabs statt. Und selbst gehobenere Restaurants bieten Kebabs in irgendeiner Form oder »Verkleidung« an. Ich mag am liebsten Kebab vom Lamm. Aber er schmeckt auch mit Rind oder halb Rind, halb Lamm. In Israel ist auch Rindfleisch mit Lammfett gemischt beliebt.

FÜR 6–8 PORTIONEN

Für den Kebab
1 kg Lammhack
1 mittelgroße Zwiebel,
　　geschält und fein gehackt
2 Knoblauchzehen,
　　geschält und zerdrückt
2 Handvoll Petersilienblätter,
　　fein gehackt
50 g Pinienkerne
1 TL Kreuzkümmel, gemahlen
Salz und schwarzer Pfeffer
　　aus der Mühle
etwa 15 Zimtstangen
100 ml Öl

Für die Minz-Tahina-Sauce
100 g Tahina
Saft von 1 Zitrone
1 Knoblauchzehe, geschält
　　und zerdrückt
2 Handvoll Minzeblätter,
　　fein gehackt
Salz und schwarzer Pfeffer
　　aus der Mühle
etwa 60 ml Wasser

☛ *Am besten schmecken Kebabs natürlich vom Grill, aber man kann sie auch in der Pfanne braten. Hierzu 2 Esslöffel Öl in einer Pfanne erhitzen und die Kebabs portionsweise rundum 10–12 Minuten braten.*

Der Kebab

◆ Lammhack, Zwiebeln, Knoblauch, Petersilie, Pinienkerne und Kreuzkümmel sorgfältig miteinander vermengen und einige Minuten durchkneten. Mit Salz und Pfeffer würzen. Mindestens eine halbe Stunde in den Kühlschrank stellen.
Fleischrollen von etwa 80 g und 6 cm Länge formen, jeweils eine Zimtstange hineinschieben, die Masse gut andrücken und mit Öl einreiben. Auf einem Teller ablegen und wiederum mindestens eine halbe Stunde bis zu einem Tag in den Kühlschrank stellen.

Die Minz-Tahina-Sauce

◆ Die genannten Zutaten mit dem Schneebesen oder dem Pürierstab vermengen, wobei das Wasser nach und nach hinzugefügt wird. Je nach Menge des Wassers kann die Konsistenz der Sauce variiert werden. Kebabsauce sollte zähflüssig sein.

Anrichten

◆ Kebab am besten mit der Hand von der Zimtstange essen, dabei das Fleisch in die Minz-Tahina-Sauce dippen. ✳

SHAKSHUKA

Dieses Pfannengericht mit Eiern gehört schon lange nicht mehr zu den einfachen Gerichten; man findet es heute auf jeder Frühstückskarte in den Cafés, und nahezu jeder große Koch, der etwas auf sich hält, hat seine persönliche Version auf der Karte oder ins Internet gestellt.

Ich habe das Gericht zum ersten Mal vor zwanzig Jahren in Israel gekostet – dann einige Jahre vergessen, bis mich irgendwann einmal in Deutschland der Heißhunger nach etwas packte, an dessen Namen ich mich nicht erinnerte. Ohne Rezept machte ich mich ans Experimentieren, kam dabei auch ganz gut voran – bis ich wieder nach Israel reiste und Shakshuka im Original essen konnte. Seitdem habe ich es viele Dutzende Male gekocht, und es passiert oft, dass ich es unseren Gästen zum Abendessen vorsetze.

FÜR 6 PORTIONEN

6 EL Olivenöl

2 Zwiebeln, geschält
und fein gehackt

Salz und schwarzer Pfeffer
aus der Mühle

4 Knoblauchzehen, geschält
und in feine Scheiben
geschnitten

1 grüne Chilischote,
in Ringe geschnitten

½ TL Kreuzkümmel,
gemahlen

½ TL Chilipuver

1 TL Paprika, edelsüß

10 Tomaten

100 ml Tomatenmark

6 kleine Eier (nach Bedarf
auch 2 Eier pro Portion),
Zimmertemperatur

1 Handvoll Petersilienblätter

◆ Das Olivenöl in einer Pfanne erhitzen und die Zwiebeln mit etwas Salz glasig und weich anschwitzen. Den Knoblauch und die Chilischote hinzufügen und alles bei leichter bis mittlerer Hitze braten, bis die Zutaten braun zu werden beginnen. Die Tomaten in grobe Würfel schneiden. Die Gewürze in eine Pfanne geben und heiß werden lassen. Die Tomaten und das Tomatenmark hinzufügen und bei leichter Hitze so lange köcheln lassen, bis sich die Masse um etwa ein Viertel reduziert hat. Die Konsistenz der Sauce soll sämig sein, und es soll kein Wasser der Tomaten mehr sichtbar sein. Mit Salz und Pfeffer würzen. Sobald die Sauce fertig ist, die Eier einzeln in eine kleine Schale schlagen und in die köchelnde Sauce gleiten lassen. Die Eiweiße dabei etwas salzen. Die Eier ohne Abdeckung garen.

Anrichten

◆ Eine Portion Shakshuka zusammen mit einem Ei mit einem großen Servierlöffel auf den Teller heben. Das Ei soll oben liegen. Mit den Petersilienblättern bestreuen. Dazu frisches Weißbrot reichen. ✳

☞ *Das Garen der Eier dauert einige Minuten. Daher aufpassen, dass die Sauce, ist die Platte zu heiß, nicht am Boden ansetzt. Das kann zwar dem Gericht eine zusätzliche Note geben, was manche sogar mögen. Keinesfalls aber den Bodensatz abkratzen und servieren.*

KUBESUPPE

Kube sind gefüllte Grießklöße. In Israel gehören sie auf den Speiseplan von sephardischen Juden. Aber auch unter den aschkenasischen Juden hat die Suppe ihre Liebhaber. Kube gibt es frittiert und in Suppe gekocht. Will man frittierte Kube probieren, stellt man sie nach diesem Rezept her und bäckt sie anschließend goldbraun in heißem Öl. Sie schmecken sowohl heiß als auch kalt, dazu empfiehlt sich Tahina-Sauce (siehe Seite 50). Kubesuppe ist kulinarisch interessanter. Die Suppe ist süßsauer und die Konsistenz der Kube ungewöhnlich, wenn nicht gar für diejenigen, die sie zum ersten Mal essen, in gewissem Sinn gewöhnungsbedürftig.

FÜR 6 PORTIONEN

Für die Suppe

3 EL Olivenöl
2 Zwiebeln, geschält
    und fein gehackt
Salz
6 Tomaten
100 g Tomatenmark
2 EL Zucker
500 g Kürbis, geschält und in
    große Würfel geschnitten
Saft von 1 Zitrone

Für die Kubefüllung

1 mittelgroße Zwiebel, geschält,
    auf der Gemüsereibe fein
    gerieben und ausgedrückt
1 Handvoll Petersilienblätter,
    fein gehackt
350 g Rinderhackfleisch
¼ TL Zimtpulver
¼ TL Kardamom, gemahlen
¼ TL Kreuzkümmel
¼ TL Paprika, edelsüß
¼ TL frisch geriebene Muskatnuss
Salz und schwarzer Pfeffer aus
    der Mühle
2 dünne Stangen Bleichsellerie,
    fein gehackt (die Blätter für
    die Suppe beiseitestellen)

Die Suppe

◆ Das Olivenöl in einem großen Topf erhitzen und die Zwiebeln mit etwas Salz so lange anschwitzen, bis sie beginnen, Farbe zu nehmen. Die Tomaten halbieren und auf einer Gemüsereibe das Fruchtfleisch bis auf die Schale abreiben. Die restlichen Zutaten mit Ausnahme des Zitronensafts zu den Zwiebeln hinzufügen und 5 Minuten köcheln lassen. Den Zitronensaft und so viel Wasser angießen, dass alle Zutaten bedeckt sind. Mit Salz abschmecken. 35–45 Minuten köcheln lassen, bis der Kürbis weich wird. In der Zwischenzeit die Kube formen.

Die Füllung

◆ Die genannten Zutaten sorgfältig vermengen und kalt stellen.

Für den Grießteig
300 g Grieß
1 EL Rapsöl
½ TL Salz
120 ml lauwarmes Wasser

Zum Garnieren
1 Handvoll Petersilien-
  blätter, fein gehackt

☛ *Ich liebe es,
wenn Kürbis
langsam und lange
gart, so lange, dass
das Fruchtfleisch
zu Fasern zerfällt.*

Der Grießteig

◆ Den Grieß in einer Schüssel mit dem Öl und dem Salz vermengen. Langsam und unter Rühren das Wasser angießen, bis eine glatte und nicht zu flüssige Masse entstanden ist. 15–20 Minuten warten, bis der Grieß das Wasser vollends aufgesogen hat und der Teig weich und körnig ist.

Die Kube

◆ Das Formen der Kube ist Übungssache. Die alten Frauen in Israel formen Kube in einer atemberaubenden Geschwindigkeit und ohne das eigene Tun im Auge zu behalten. Und zum Schluss liegen Klöße auf dem Teller, alle gleich groß und perfekt geformt. Das klappt beim ersten Mal nicht sofort. Lassen Sie sich nicht entmutigen! Auch nicht vollendet geformte Kube schmecken hervorragend.
Also nun mit angefeuchteten Händen eine tischtennisballgroße Menge Grieß auf die Handfläche geben, zu einer Scheibe drücken und in die Mitte 1 Esslöffel der Füllung geben. Nun die Ränder der Scheibe vorsichtig um die Füllung legen und zusammendrücken. Daraus eine runde oder ovale Kugel formen. Auf einen Teller legen, bis alle Kube fertig gefüllt und geformt sind.

Fertigstellung

◆ Wenn der Kürbis anfängt, weich zu werden, die Kube einzeln vorsichtig in die köchelnde Suppe gleiten lassen. Darauf achten, dass zwischen den Klößen genügend Abstand ist und sie nicht zusammenkleben. Nach etwa 1 Minute sind sie bereits etwas fest geworden. Gegebenenfalls kochend heißes Wasser angießen, damit alle Kube bedeckt sind. 20–25 Minuten köcheln lassen. Zum Schluss nochmals mit Salz abschmecken.

Anrichten

◆ Kubesuppe kann als Suppe in tiefen Tellern serviert werden. Man kann sie auch über einfachen weißen Reis löffeln. In jedem Fall die angerichteten Portionen mit der Petersilie bestreuen. ✳

KOHLROULADEN

Seit meiner Kindheit waren Kohlrouladen eine meiner Leibspeisen. Das Beste daran war für mich immer der Kohl, der durch das Anbraten so richtig schön dunkel geworden war.
Ich hatte als Student weder Zeit noch Lust, ein so aufwendiges Gericht zuzubereiten. Da ich aber auf den tollen Geschmack nicht verzichten wollte, habe ich daraus ein Pfannengericht entwickelt, das in Windeseile auf dem Tisch stehen kann. In diesem Rezept zeige ich, wie man Rouladen herstellt, die mit einer besonderen, von mir erfundenen Füllung gefüllt sind. Auch beim »Masterchef«-Wettbewerb habe ich dem Gericht seine alte Form gegeben und die Rouladen anschließend im Ofen glaciert. Wenn es für Sie schnell gehen soll, dann können Sie sich das Einwickeln der Zutaten sparen, und Sie haben »mein« Gericht aus Studentenzeiten.

FÜR 6 PORTIONEN

1 großer Weißkohl
8 EL Olivenöl
2 mittelgroße Zwiebeln,
    geschält und fein gehackt
Salz und schwarzer Pfeffer
    aus der Mühle
3 mittelgroße festkochende
    Kartoffeln, geschält und in
    kleine Würfel (nicht größer
    als ½ cm) geschnitten
80 ml Sojasauce
4 EL Silan
300 g Rinderhackfleisch
¼ TL Chilipulver
1 Handvoll Korianderblätter

◆ Reichlich Salzwasser in einem großen Topf zum Kochen bringen. Aus dem Kohl den Strunk herausschneiden. Den ganzen Kohlkopf ins Wasser geben und köcheln lassen. Sobald sich die äußeren Blätter zu lösen beginnen, den Kohl herausnehmen und die Blätter vorsichtig lösen. Für dieses Gericht werden 15 Blätter benötigt (zwei Blätter pro Roulade und dazu eine kleine Reserve, falls Blätter beim Wickeln einreißen). Die Blätter auf Küchenhandtücher zum Trocknen legen. Den Kohlrest in schmale Streifen schneiden. 4 Esslöffel Olivenöl in einer großen Pfanne erhitzen und die Kohlstreifen scharf anbraten. Ein Teil davon soll richtig dunkel gebraten werden. 2 Esslöffel Olivenöl in einer zweiten Pfanne erhitzen und die Zwiebeln mit etwas Salz bissfest und goldbraun braten. Die Zwiebeln und die Kartoffeln mit dem Kohl in der Pfanne vermengen. Die Sojasauce angießen und den Silan einrühren. Bei leichter Hitze so lange köcheln lassen, bis die Kartoffeln fast gar sind.
In der Zwischenzeit das restliche Olivenöl erhitzen und das Hackfleisch krümelig braten. Den Pfanneninhalt mit dem Kohl vermengen und mit Silan, Chili, Pfeffer und Sojasauce abschmecken.
Den Backofen auf 180 °C vorheizen.
Nun jeweils zwei Kohlblätter (nachdem man die dicken Strünke entfernt hat) so zurechtlegen, dass man sie mit den Zutaten füllen und rollen kann. Die fertig gerollten Rouladen in eine Bratform füllen und 20–25 Minuten im heißen Ofen garen. Während dieser Zeit die Kohlrouladen alle 5 Minuten mit der Flüssigkeit in der Pfanne einpinseln. Wer möchte, kann noch etwas Silan hinzufügen.

☛ *Silan ist ein Sirup aus frischen Datteln.*

Anrichten
◆ Die Kohlrouladen auf die Teller geben und mit Korianderblättern bestreuen. ✳

GRÜNE SHAKSHUKA

Rote Shakshuka, eine ursprünglich libanesische Vorspeise, findet man in Israel in fast jedem Café auf der Karte. Es gibt sogar Restaurants, darunter eines mit dem Namen Dr. Shakshuka, die sich auf Shakshuka spezialisiert haben. Grüne Shakshuka ist feiner im Geschmack.
In meinem Rezept bereite ich sie mit Spinat zu, aber man kann auch Mangold oder Brokkoli verwenden. Ob man als Grundlage Zwiebeln brät, das ist eine Frage des persönlichen Geschmacks.

FÜR 6 PORTIONEN

3 EL Olivenöl
2 mittelgroße Zwiebeln, geschält und fein gehackt
4 Knoblauchzehen, geschält und zerdrückt
800 g Blattspinat, blanchiert oder TK, aufgetaut
100 g Sahne
Salz und schwarzer Pfeffer aus der Mühle
frisch geriebene Muskatnuss
150 g Feta
6 kleine Eier (oder nur die Eigelbe), möglichst Zimmertemperatur

◆ Das Olivenöl in einer großen Pfanne erhitzen und die Zwiebeln bei leichter Hitze glasig anschwitzen. Den Knoblauch nach etwa 15 Minuten dazugeben und mit den Zwiebeln schmoren, bis diese sehr weich sind. Den Blattspinat und die Sahne dazugeben und mit Salz, Pfeffer und einer Prise Muskat würzen. Bei leichter Hitze 10 Minuten köcheln lassen. Gelegentlich umrühren.
Den Feta zerbröckeln und über den Spinat streuen. Die Eier einzeln in ein Schälchen aufschlagen und so in die Shakshuka gleiten lassen, dass sie gleichmäßig in der Pfanne verteilt sind. Die Eier (nur das Eiweiß, da das Salz das Eiweiß beim Garen stabilisiert) salzen und bei mittlerer Hitze weiterköcheln lassen, bis das Eigelb die gewünschte Konsistenz hat.

Anrichten

◆ Die Shakshuka mit einem Servierlöffel so auf einen Teller geben, dass das Ei oben liegt. Dazu frisches Weißbrot reichen. ✳

☛ *Eine schöne Alternative: Den Backofen auf 180 °C vorheizen. Die grüne Shakshuka portionsweise in sechs kleine ofenfeste Formen füllen, jeweils ein Ei aus dem Schälchen darübergleiten lassen und im heißen Ofen so lange backen, bis das Eigelb die gewünschte Konsistenz hat.*

FENCHELHÄHNCHEN

In Israel wird Geflügel in großen Mengen konsumiert. Der Pro-Kopf-Verbrauch ist größer als in irgendeinem anderen Land. Der israelische Bürger isst etwa die dreifache Menge an Geflügel im Vergleich zu einem Land der EU. Der größte Anteil dürfte wohl dabei für die Mahlzeiten am Schabbat gebraucht werden.

Das beste Gericht mit Hähnchen, das ich kenne, hat meine Mutter zubereitet. Ich liebte es, als ich noch Kind war, und jedes Mal, wenn ich heute zu Besuch komme, bereitet sie es für mich zu.

Als meine Frau es zum ersten Mal aß, war sie so begeistert, dass sie es seitdem heute regelmäßig für uns zum Schabbat vorbereitet.

Seit ich Masterchef von Israel geworden bin, hat dieses Rezept auch hier zahlreiche Anhänger gefunden. Und das Beste daran: Es ist ganz einfach zuzubereiten.

FÜR 6 PORTIONEN BZW. EINE TIEFE BACKFORM 30 X 40 CM

6 Fenchelknollen,
    in Scheiben geschnitten
Olivenöl
Salz und schwarzer Pfeffer
    aus der Mühle
6 Hähnchenschenkel
3 TL brauner Zucker

☞ *Wenn die Ofentemperatur nicht hoch genug ist, kann es sein, dass das Hähnchen nach 1 ½ Stunden noch nicht gar ist. Die Alufolie wieder über die Form legen und diese für eine weitere halbe Stunde (bei größeren Mengen kann das auch noch länger sein) in den Ofen schieben. Das Hähnchen muss richtig durch und der Fenchel goldbraun und karamellisiert sein.*

◆ Den Backofen auf 200 °C vorheizen. Die Fenchelscheiben in eine ofenfeste Form geben, mit etwas Olivenöl beträufeln und mit Salz und Pfeffer würzen. Die Hähnchenschenkel mit der Hautseite nach unten (!) auf den Fenchel legen, das Fleisch mit Salz und Pfeffer würzen und auf jedes Fleischstück einen ½ Teelöffel braunen Zucker streuen. Die Form mit Alufolie abdecken und die Hähnchenschenkel und den Fenchel 1 ½ Stunden garen.

Die Alufolie abnehmen und die Hähnchenschenkel umdrehen, die Hautseite kommt nun nach oben zu liegen. Den Ofen auf Grillstufe stellen und so lange grillen, bis die Haut richtig schön knusprig wird. Das kann 10–20 Minuten dauern.

Varianten

Zwiebelhähnchen meiner Mutter

◆ Statt des Fenchels Scheiben von 8 geschälten Zwiebeln und 4 geschälten und zerdrückten Knoblauchzehen als Untergrund verwenden. Im Übrigen genauso verfahren wie oben.

Curry-Zwiebel-Hähnchen

◆ Jeden Hähnchenschenkel zusätzlich mit einem ½ Teelöffel Currypulver würzen. Im Übrigen genauso verfahren wie beim Zwiebelhähnchen. ✳

SHAWARMA auf Pfannenbrot mit Rotweinzwiebeln und grüner Tahina-Sauce

Shawarma ist israelisches Street Food, die Menschen lieben es. Man kann es genauso wenig zu Hause zubereiten wie Döner Kebab. Auf der Straße wird das marinierte, am Spieß in dünnen Lagen geschichtete gegrillte Fleisch (im Allgemeinen Lamm oder Geflügel) fein abgeschnitten und in Fladenbrot mit Salaten und Saucen (Tahina-Sauce, Zhug u. a.) von der Hand gegessen, wobei man sich ziemlich weit nach vorne beugt, um sich nicht zu bekleckern. Als ich beim »Masterchef«-Wettbewerb aufgefordert wurde, Street Food in ein Restaurantgericht zu verwandeln, nahm ich mich des Shawarma an. Ich nahm ein schönes Stück Entrecôte und briet es, nachdem ich es in feine Scheiben geschnitten und pikant gewürzt hatte. Die Gewürze, die ich hierfür verwendete, sind nicht die Originalgewürze, die in Israel für Shawarma verwendet werden. Man kann nach Lust und Laune auch experimentieren und das Shawarma nach eigenem Geschmack würzen. Dazu backte ich tolles Pfannenbrot, das sich im Übrigen auch prima für andere Anlässe eignet.

FÜR 4 PORTIONEN

Für die grüne Tahina-Sauce
200 g Tahina
Saft von 1 Zitrone
1 Knoblauchzehe, geschält und zerdrückt
Salz und schwarzer Pfeffer aus der Mühle
120 ml Wasser
1 Handvoll Petersilienblätter, sehr fein gehackt
jeweils ½ Handvoll Minze- und Korianderblätter, sehr fein gehackt

Für die Rotweinzwiebeln
2 rote Zwiebeln
4 EL Olivenöl
Salz
½ TL brauner Zucker
¼ Glas Rotwein

Die grüne Tahina-Sauce

◆ Die genannten Zutaten mit dem Schneebesen oder dem Pürierstab vermengen, dabei das Wasser nach und nach angießen. Möglicherweise benötigt man etwas mehr Wasser, um die Konsistenz von flüssigem Honig zu erreichen.

Die Rotweinzwiebeln

◆ Die Zwiebeln schälen und der Länge nach in Achtel schneiden. Das Olivenöl in einer Pfanne erhitzen und die Zwiebeln etwa 5 Minuten braten, dabei etwas salzen. Den Zucker darüberstreuen und 3–5 Minuten karamellisieren. Den Rotwein dazugeben und bei leichter Hitze köcheln lassen, bis er fast verdampft ist.

Für das Pfannenbrot

420 g Mehl

1 Päckchen Backpulver

3 EL Rapsöl

½ TL Salz

240 ml eiskaltes Wasser

Für das Shawarma

4 Entrecôtes à 250 g,
   Zimmertemperatur

Salz und schwarzer Pfeffer
   aus der Mühle

8 EL Olivenöl

2 EL Curry

1 TL Paprika, edelsüß

1 TL Kurkuma

1 TL Kardamom, gemahlen

¼ TL Zimtpulver

1 Handvoll Petersilien-
   blätter, fein gehackt

☞ *Die Fleischschei-*
ben nach dem Braten
nicht übereinander-
legen, damit das Fleisch
nicht »schwitzt« und im
eigenen Saft nachgart.

Das Pfannenbrot

◆ Die Zutaten zu einem glatten Teig kneten. Den Teig
in Viertel teilen und jedes Viertel zu einer 15–18 cm
großen Scheibe ausrollen. Mit einer Gabel mehrmals
einstechen und in einer leicht gefetteten Pfanne bei
mittlerer Hitze gelbbraun braten.

Das Shawarma

◆ Die Entrecôtes in feine Scheiben schneiden und
auf Küchenpapier nebeneinanderlegen. Mit Salz und
Pfeffer würzen.

2 Esslöffel Olivenöl in einer großen Pfanne erhitzen.
Curry, Paprika, Kurkuma, Kardamom und Zimt in einer
kleinen Schüssel vermengen. Sobald das Öl zu rauchen
beginnt, so viele Fleischscheiben in die Pfanne legen,
wie mit jeweils einem kleinen Abstand voneinander
hineinpassen. Sofort mit der Gewürzmischung bestreu-
en. Nach 2 Minuten die Fleischscheiben umdrehen
und von der anderen Seite 1–3 Minuten braten, bis das
Fleisch medium ist (wie lange das dauert, hängt von
der Dicke der Scheiben und der Hitze der Pfanne ab).
Das Fleisch herausnehmen und auf einen Teller legen.
Mit den restlichen Fleischscheiben ebenso verfahren,
dabei immer wieder Olivenöl in die Pfanne geben.

Anrichten

◆ Das Fleisch auf dem Pfannenbrot verteilen und auf
jede Portion vier Zwiebelstücke legen. Etwas grüne
Tahina-Sauce darüberträufeln. ✳

HÄHNCHENBRUST mit einem Relish aus grünem Pfeffer und Zwiebeln

8 mittelgroße Zwiebeln,
    geschält
3 grüne oder rote Chili-
    schoten
5 EL Olivenöl
Salz und schwarzer Pfeffer
    aus der Mühle
2–3 TL brauner Zucker

Außerdem
6 Hähnchenbrüste,
    Zimmertemperatur
6 EL Olivenöl
Salz und schwarzer Pfeffer
    aus der Mühle

In unserem Zwei-Personen-Haushalt kommt es nicht selten vor, dass pro Woche 3 Kilogramm Zwiebeln durch Pfannen und Töpfe wandern. Kein anderes Gemüse verarbeite ich in solchen Mengen. Mir macht das Schneiden von Zwiebeln Spaß, und ich nehme mir auch jedes Mal die Zeit, es sorgfältig zu tun. Wenn die Zwiebeln erst in der Pfanne sind, leise brutzeln und der Duft durch die Wohnung zieht, weiß ich, dass etwas Gutes am Werden ist. Zwiebeln anschwitzen oder anbraten kann durchaus eine halbe Stunde dauern, wenn man ein optimales Ergebnis erzielen möchte, wobei sich der Bräunungsgrad der Zwiebeln nicht unbedingt mit der Dauer des Bratens intensivieren muss.

Das Relish in diesem Rezept ist mir vor nicht allzu langer Zeit geglückt, und seitdem wünscht sich meine Frau, dass ich es öfter mache. Das tue ich gerne, weil es wirklich fantastisch schmeckt.

Wer das Relish lieber süßsauer-scharf mag, kann 1–2 Esslöffel Weißweinessig dazugeben und einkochen lassen. Genau genommen ist Relish erst ein Relish, wenn dem Ganzen Essig beigefügt wurde.

HÄHNCHENBRUST mit
einem Relish aus grünem Pfeffer
und Zwiebeln

☞ *Fans von scharfen Gerichten entkernen die Chilischoten nicht. Sie schneiden die Schoten mit den Kernen in feine Ringe. Und wer es nicht scharf mag, verwendet entsprechend weniger Chili.*

Das Hähnchen

◆ Den Backofen auf 180 °C vorheizen.
Die Hähnchenbrüste mit etwas Olivenöl einreiben und mit Salz und Pfeffer würzen.
Das restliche Olivenöl in einer großen Pfanne erhitzen, bis es anfängt zu rauchen. Die Hähnchenbrüste portionsweise (pro Portion nicht mehr als drei!) von jeder Seite 4–5 Minuten braten. Sobald eine Portion angebraten ist, diese auf ein mit Backpapier belegtes Backblech legen. Wenn sämtliche Hähnchenbrüste angebraten sind, das Blech in den heißen Ofen schieben und die Hähnchenbrüste zu Ende garen. Je nach Größe der Stücke kann das zwischen 8 und 12 Minuten dauern.

Anrichten

◆ Jeweils eine Hähnchenbrust auf den Teller legen und eine ordentliche Portion Relish darauf platzieren. ✳

☞ *Bei Hähnchenbrust ist es wichtig, exakt den Punkt zu treffen, bei dem das Fleisch gar ist. Hähnchenfleisch wird schnell trocken, wenn es zu lange gegart wird, und es schmeckt nicht, wenn man sich nicht die nötige Zeit genommen hat, es durchzugaren. Ich prüfe den richtigen Zeitpunkt, indem ich mit dem Finger darauf drücke. Zugegeben, man muss nach und nach ein Gefühl dafür entwickeln …*

ORANGE SUPPE
mit Süßkartoffelchips

Unter dem Namen »Marak katom« (hebr. Orange Suppe) werden in
den Restaurants in Israel eine Vielzahl an Suppen angeboten, die
eines gemeinsam haben: die Farbe. Und damit ist eigentlich schon
alles gesagt. Mit den eigenen Lieblingszutaten kann man seine
ganz persönliche »Marak katom« kreieren. In kleinen (!) Mengen
dürfen auch Gemüsesorten verwendet werden, die andersfarbig
sind. Grüne würde ich außen vor lassen. Die Farbe dominiert, und
am Ende ist das Ergebnis leider kein »Marak katom«.
Diese Suppe hat mich übrigens auf die Idee gebracht, einige Suppen
nach ihrer Farbe und nicht nach ihrem Inhalt zu benennen. Und
daher gibt es in diesem Buch außer der orangen auch eine grüne,
rote und weiße Suppe.
Dieses Rezept ist einer meiner Klassiker unter vielen Variationen
der »Marak katom«.

FÜR 6 PORTIONEN

3 EL Olivenöl
2 Zwiebeln, geschält
    und fein gehackt
Salz und schwarzer Pfeffer
    aus der Mühle
5 Knoblauchzehen, geschält
    und zerdrückt
800 g Süßkartoffeln,
    geschält
500 g Möhren, geschält
500 g Kürbis, geschält
400 ml Sonnenblumenöl
½ TL brauner Zucker
1 Msp. Chilipulver

Außerdem
100 g süße oder
    saure Sahne
    nach Belieben

◆ Das Olivenöl in einem großen Topf erhitzen und die
Zwiebeln mit einem ½ Teelöffel Salz weich anschwitzen,
ohne dass sie Farbe nehmen. Den Knoblauch hinzufügen
und einige Minuten dünsten.

☛ *Wenn ich Zwiebeln anschwitze oder anbrate, gebe ich
immer etwas Salz dazu. Das Salz entzieht den Zwiebeln
Flüssigkeit, und das Ergebnis des Anschwitzens ist optimal.
Für mich ist diese Vorbereitung nicht nur die Pflicht vor der
Kür. Zwiebeln braten hat für mich einen hohen Stellenwert,
es ist ungeheuer wichtig. Viele schöne Gerichte beginnen mit
der Aufgabe des Anbratens der Zwiebeln. Und wenn es in
meiner Küche nach Zwiebeln duftet, die in der Pfanne
schmurgeln, dann ist dies ein gutes Zeichen …*

Eine ½ Süßkartoffel auf einer Mandoline in feine Scheiben schneiden und beiseitelegen.

Die übrigen Süßkartoffeln, die Möhren und den Kürbis in große Stücke schneiden. Zu den Zwiebeln in den Topf geben und knapp mit Wasser bedecken. Mit Salz und Pfeffer würzen und zum Kochen bringen. Bei leichter Hitze 40–50 Minuten köcheln lassen.

Für die Süßkartoffelchips das Sonnenblumenöl in einem kleinen Topf auf 170 °C erhitzen und einen großen Teller mit doppelt gelegtem Küchenpapier bereitstellen. Die Süßkartoffelscheiben in kleinen Portionen im heißen Öl goldbraun und kross frittieren. Die Scheiben mit einem Schaumlöffel aus dem heißen Fett nehmen und auf dem Küchenpapier abtropfen lassen. Nach Geschmack salzen.

Wenn das Gemüse im Topf gar ist, den Topfinhalt mit dem Stabmixer fein pürieren. Den braunen Zucker und das Chilipulver dazugeben und mit Salz und Pfeffer abschmecken. Wer mag, kann die Suppe zum Schluss durch ein Sieb streichen, um ein besonders feines Ergebnis zu erzielen. Nach Belieben mit süßer oder saurer Sahne verfeinern.

Anrichten

◆ Die Suppe in tiefe Teller geben und die Süßkartoffelchips darauf verteilen, alternativ in einem Schälchen getrennt reichen. ✳

☞ Wer übrigens wie ich Zwiebeln gerne mag, der kann sie durchaus mal in größerer Menge braten. Die Zwiebeln halten sich anschließend in einem verschlossenen Gefäß bis zu zwei Wochen.

☞ Wer keine Mandoline hat, schneidet die Süßkartoffel mit dem Gemüsehobel in feine Scheiben.

Kaschrut: Überkommenes Regelwerk oder moderne Herausforderung?

Wohl kein Regelwerk prägt den Alltag religiöser jüdischer Menschen in aller Welt so sehr wie die Kaschrut, die religiösen Reinheitsgebote des Essens. Längst gehört es zum Allgemeinwissen, dass Juden kein Schweinefleisch verzehren dürfen. Doch tatsächlich ist im jüdischen Glauben mit Akribie geregelt, was ein Gläubiger verzehren darf und was nicht. Ursprünglich, so schreiben die Rabbiner, wollte Gott sein auserwähltes Volk zu Vegetariern machen. Doch als die Menschen nach Fleisch verlangten, legte er genaue Gesetze fest, welche Tiere verspeist werden dürfen. Aus dem Meer darf nur verzehrt werden, was Flossen und Schuppen hat – also Lachs, Thunfisch und Karpfen, aber kein Aal oder Shrimps. Geflügel wie Hähnchen oder Pute ist erlaubt, Straußeneier jedoch sind nicht erlaubt. Vierbeinige Landtiere müssen wie Schafe oder Rinder gespaltene Hufen haben und Wiederkäuer sein, was Liebhaber von Pferden und Hunden sehr erfreut, weil diese somit von der Speiseliste fallen. Doch es reicht nicht nur, eine koschere Kuh zu sein, um letztlich als Steak den Teller eines Gläubigen zieren zu dürfen. Um zum Verzehr geeignet zu sein, muss ein Tier völlig gesund gewesen sein und von einem Fachmann geschächtet werden. Sonst gilt sein Fleisch als »treife« – also unrein.

❖

Auch andere Religionen verbieten den Verzehr bestimmter Tiere. Das Judentum hingegen geht noch weiter. Die traditionelle jüdische Küche zeichnet sich durch die Trennung von Milch- und Fleischprodukten aus. Gleich dreimal mahnt die hebräische Bibel: »Du sollst das Böcklein nicht in der Milch seiner Mutter kochen!« Schon im Mittelalter stritten die Rabbiner um die richtige Interpretation dieses Verbots. Rabbiner Samuel ben Meir vertrat im 12. Jahrhundert die Ansicht, das Gebot sei dazu gedacht, Mitleid mit Tieren zu lehren. »Es ist schmachvoll, gierig und gefräßig, die Milch der Mutter gemeinsam mit ihrem Kind zu verzehren. Die Thora gibt dieses Gebot, um beizubringen, wie man sich kultiviert benimmt«, schrieb er. Wenig verwunderlich, widmet sich doch ein großer Teil der hebräischen Bibel dem Schutz der Schwächeren, auch der Tiere.

❖

Andere hingegen interpretierten die Vorgabe nicht nur wörtlich. Und da man im Judentum oft die strengere Interpretation vorzieht, um nicht einmal in die Versuchung zu kommen, Gottes Gebote zu verletzen, sind jüdische Küchen seit Jahrhunderten in zwei Sektionen aufgeteilt – in eine für Speisen, die Milch enthalten, und in eine für alles, was mit Fleisch in Berührung gekommen ist. Etwas, was weder fleischig noch milchig ist, wird *parve* genannt und darf mit beidem vermischt werden. Viele Juden essen deswegen die meisten Käsesorten nicht, weil man für die Gärung Lab nutze, das aus Kalbsmägen gewonnen wurde, was ja im Prinzip die unkoschere Mischung von Fleisch und Milch bedeutet. Heute lässt sich diese Einschränkung durch den Einsatz von künstlichem Lab umgehen.

❖

Wohlhabende Juden besitzen heutzutage zwei Waschbecken, um das »milchige« und »fleischige« Tafelgeschirr voneinander getrennt zu halten. In gut situierten religiösen Haushalten finden sich mindestens vier Service – weil während des Passahfestes ebenfalls getrennte Teller benutzt werden müssen, die nicht mit gesäuertem Teig in Berührung gekommen sind.

❖

Im Ausland ist das Essen im »koscher style« längst zu einem Trend geworden. Hier werden die Regeln der Kaschrut oft damit angepriesen, dass diese Lebensart besonders gesund sei. Der wissenschaftliche Nachweis dafür steht allerdings noch aus. Koscheres Fleisch sei vor 2000 Jahren hygienischer gewesen als unkoscheres, meinen manche, was vielleicht für Meerestiere, nicht jedoch für andere Tiere zugetroffen haben mag. Andere wollen sich mithilfe der Kaschrut spirituell reinigen. Wer das Fleisch »unreiner« Tiere zu sich nehme, der verunreinige auch seine Seele, argumentieren sie. Doch auch viele Menschen ohne Zugang zur Welt des Spirituellen halten sich an die Vorschriften der Kaschrut. Sie argumentieren, dass das minutiöse Regelwerk eine gute Übung in Selbstbeherrschung ist, die zu einer Besserung der Gesellschaft beiträgt. Schließlich beruht ein gütliches Zusammenleben ja auch darauf, dass man sich nicht all seinen Gelüsten sofort hingibt, sondern manchen Wünschen einen Riegel vorschiebt – eine tägliche Übung für Menschen, die koscher essen.

❖

Die Kaschrut könnte eine der ursprünglichsten Regeln des Judentums sein, das sich seit Jahrtausenden ständig weiterentwickelt. Archäologen fanden in Ausgrabungen aus der Eisenzeit in den Wohnorten der Israeliten keine Überreste unkoscherer Tiere, während die Philister Schweine mit Vorliebe verzehrten. So halfen die Essensregeln zuerst in Judäa und später in der Diaspora, jüdische Gemeinschaften zu definieren und zusammenzuhalten. Manche Historiker wähnen in der Entstehung der Kaschrut deswegen ein gesellschaftliches Phänomen. Es verhinderte nolens volens engen sozialen Kontakt und eine Vermischung mit Nichtjuden.

Ausgerechnet in Israel kehrten im letzten Jahrhundert immer mehr Juden den alten Speisevorschriften ihres Glaubens den Rücken. Viele der zionistischen Pioniere waren schließlich antireligiös, wollten ihr Judentum nicht mithilfe des Talmud, sondern auf neue Art und Weise interpretieren. Andere ignorierten die Kaschrut, weil sie sie als zu einengend empfanden. Im lebensfrohen Tel Aviv, das sich tolerante Leichtlebigkeit und die Suche nach dem neuesten Trend zur Lebensphilosophie gemacht hat, herrschen bis heute noch »Vorurteile gegenüber koscherem Essen«, sagt Tom. »Es gilt als fad, langweilig, als Hausmannskost, die alles andere als hochwertig ist.«

❖

Nicht so für Israels neuen Masterchef. »Ich sehe in den Regeln der Kaschrut eine Herausforderung, keine Einschränkung«, sagt er. Ebenso wie Vegetarier auf Fleischprodukte verzichten, dennoch aber köstliche Mahlzeiten zubereiten können, könne man auch hervorragend koscher kochen, meint Tom. »Überraschenderweise kam ich ausgerechnet über die Kaschrut dem Judentum näher – ich hielt mich an ihre Gesetze, lang bevor ich übertrat«, sagt Tom. Denn »vor allem in der Diaspora war die Kaschrut ein sehr sichtbarer Ausdruck der Zugehörigkeit. Deswegen hat sie mich auch so angezogen«.

❖

Das Judentum versucht nicht, die Kaschrut zu erklären. Es teilt die Vorgaben der Thora in mehrere Kategorien. Als Gesetze werden die Regeln bezeichnet, die der Logik zugänglich sind. »Du sollst nicht stehlen«, wäre so ein Beispiel: Jeder versteht, wie schlecht eine menschliche Gesellschaft aussähe, wenn Diebstahl in ihr nicht geahndet würde. Neben den Gesetzen kennt das Judentum die Gebote. Sie wurden von Gott befohlen und müssen befolgt werden, obschon sie menschlicher Logik nicht zugänglich sind. Dazu gehört die Kaschrut. »Sie ist einfach ein göttliches Gebot«, sagt Tom. »Trotzdem und gerade deshalb finde ich sie annehmbar.«

❖

In Israels beliebtester Kochshow war Tom auf mehrfache Weise für seine neuen Landsleute ein Novum: Ein gläubiger Jude, der nicht in der ihnen bekannten schwarzen Tracht daherkommt, sondern modisch gekleidet, weltoffen und gut aussehend. Und er stellte ihnen ein völlig neues Konzept vor: dass man nämlich auch High Cuisine koscher kochen kann. »Kaschrut ist der Ausdruck einer uralten Kultur«, sagt Tom. Judentum ist somit viel mehr als ein Glaube: Es ist Tradition, Herkunft, Zugehörigkeit – und hat sogar seinen eigenen Geschmack.

FRIKADELLCHEN
in Paprika-Mango-Sauce

Fleischbällchen gibt es überall. Nicht nur Kinder lieben sie. In Köln, woher ich komme, heißen sie Frikadellen (und wenn sie klein sind, Frikadellchen …), in Israel heißen sie »Ktzizot«. Die fruchtig-herbe Sauce passt auch gut zu gebratenem oder gegrilltem weißem Fisch.

FÜR 6–8 PORTIONEN

Für die Frikadellchen
4 EL Olivenöl
2 Zwiebeln, geschält
    und fein gehackt
Salz
450 g Rinderhackfleisch
2 Eigelb
2 EL Walnüsse, gehackt
2 EL Semmelbrösel
2 EL Basilikumblätter,
    fein gehackt
9 EL Sonnenblumenöl

Für die Sauce
6 reife Tomaten, halbiert
1 gelbe Paprikaschote,
    entkernt und in große
    Stücke geschnitten
1 rote Paprikaschote, entkernt
    und in große Stücke
    geschnitten
2 reife Mangos, geschält und
    das Fruchtfleisch vom Kern
    geschnitten
2 Knoblauchzehen, zerdrückt
6 EL Olivenöl
Salz und weißer Pfeffer
    aus der Mühle
1 Msp. Cayennepfeffer
1 Msp. Kreuzkümmel, gemahlen
½ TL Paprika, edelsüß
½ TL Kurkuma

Die Frikadellchen

◆ Das Olivenöl in einer Pfanne erhitzen und die Zwiebeln mit etwas Salz langsam glasig anschwitzen. Mit den übrigen Zutaten in einer Schüssel vermengen und salzen. Mindestens eine halbe Stunde in den Kühlschrank stellen. Aus der Masse walnussgroße Kugeln formen und diese wiederum wenigstens eine halbe Stunde bis zu einem Tag in den Kühlschrank stellen. 3 Esslöffel Sonnenblumenöl in einer Pfanne erhitzen und die Frikadellchen in kleinen Portionen von beiden Seiten goldbraun braten.

Die Sauce

◆ Den Backofen auf 180 °C vorheizen und ein Backblech mit Backpapier auslegen. Tomaten, Paprikas, Mango und Knoblauch in eine Schüssel geben. Das Olivenöl hinzufügen und das Ganze mit Salz und Pfeffer sowie Cayennepfeffer, Kreuzkümmel, Paprika und Kurkuma würzen.
Alles auf das Backblech geben und im heißen Ofen 30–35 Minuten backen, bis das Gemüse gar ist. Anschließend im Mixer glatt pürieren und mit Salz und Pfeffer abschmecken. Sollte die Konsistenz zu fest sein, etwas heißes Wasser angießen und mit dem Pürierstab einarbeiten. Die Masse durch ein Sieb streichen und vor dem Servieren nochmals kurz erhitzen. Die Frikadellchen in die heiße Sauce legen und darin etwas wälzen.

Anrichten

◆ Die Frikadellchen auf den Tellern verteilen und mit der Sauce überziehen. ✻

»Schnitzelparty«
HÄHNCHENSCHNITZEL
mit verschiedenen Mayonnaisen

In Israel sind Schnitzel der unangefochtene Spitzenreiter unter den Geflügelgerichten. Ob frisch und heiß direkt aus der Pfanne oder aufgewärmt am Schabbat ... Klein und Groß lieben sie.
In meiner Familie veranstalten wir regelmäßig eine Schnitzelparty.
Ich stelle hier drei besondere Mayonnaisen dazu vor: Harissa-Mayonnaise, Kusbara-Mayonnaise und Knoblauch-Confit-Mayonnaise.

FÜR 6 PORTIONEN

Für die Schnitzel
4 Eigelb
1 TL mittelscharfer Senf
½ TL Kreuzkümmel, gemahlen
1,5 kg Hähnchenbrust
Panko (japanisches Paniermehl)
9 EL Sonnenblumenöl
Salz

Für die Saucen
240 ml Mayonnaise
(am besten selbst gemacht, siehe Seite 152)
1 EL Harissa (siehe Seite 21)
1 EL Korianderpesto (siehe Seite 71)
1 EL Knoblauch-Confit (siehe Seite 137)

Die Schnitzel

◆ Die Eigelbe, den Senf und den Kreuzkümmel in einer großen Schüssel verrühren. Die Hähnchenbrust in etwa 2 cm breite Streifen schneiden. Mit den Zutaten in der Schüssel sorgfältig vermengen.
Einen tiefen Teller mit Panko und eine große Servierplatte mit doppelt gelegtem Küchenpapier bereitstellen.
3 Esslöffel Sonnenblumenöl in einer großen Pfanne erhitzen. Die Schnitzel einzeln in Panko panieren und in der Pfanne von beiden Seiten braten (nie zu viele Schnitzel auf einmal, damit die Temperatur nicht zu stark absinkt!), bis sie goldbraun sind. Nebeneinander auf Küchenpapier abtropfen lassen und nach Belieben salzen.
Nach Bedarf Sonnenblumenöl nachgießen und immer erst gut erhitzen, bevor man weitere Schnitzel in die Pfanne legt.

Die Saucen

◆ Jeweils 3 Esslöffel Mayonnaise mit der Harissa und dem Korianderpesto verrühren.
Das Knoblauch-Confit mit der Gabel zerdrücken und mit 3 Esslöffeln Mayonnaise vermengen.

Anrichten

◆ Die Hähnchenschnitzel in der Servierplatte zu Tisch bringen und die Mayonnaisen in Schälchen gefüllt getrennt reichen. ✳

SAHNEHERING
mit roten Äpfeln auf Kartoffel-Apfel-Zwiebel-Püree

Während des »Masterchef«-Wettbewerbs überraschte die Produktion jeden der Teilnehmer mit einer persönlichen Videobotschaft. Ein Kamerateam war bei meinen Eltern in Deutschland gewesen und hatte meine Mutter zu den Lieblingsspeisen aus meiner Kindheit befragt. Sie nannte ein paar meiner Leibspeisen. (Einige Gerichte, die ich als Kind und Jugendlicher liebte, esse ich heute allerdings nicht mehr, weil ich die Kaschrut einhalte.)
Übrigens: Meine Mutter ist eine begnadete Köchin, und ihr habe ich eine Unmenge zu verdanken. Vieles, was ich heute über kulinarische Dinge weiß, und manches, was meine Kochkenntnisse ausmacht, habe ich von ihr gelernt. Im Anschluss erhielten wir von der Jury den Auftrag, dass wir nun eines der Gerichte kochen sollten, an das wir in dem Video erinnert worden waren. Unter den Gerichten, die meine Mutter erwähnt hatte und die auch koscher waren, befand sich eigentlich nur der Sahnehering mit Pellkartoffeln. Damit stand ich vor einem Problem, denn üblicherweise kauft meine Mutter »fertigen« Sahnehering und verfeinert ihn mit saurer Sahne, Zwiebeln und Äpfeln, sie macht ihn eigentlich nie selber. Der Jury Pellkartoffeln zu servieren, nein, das wäre wohl nicht angemessen gewesen. Ich musste mir demnach aus der Erinnerung heraus etwas einfallen lassen. Hier ist das Ergebnis:

FÜR 6–8 PORTIONEN

Für den Sahnehering
2 rote Äpfel
1 kleine Zwiebel
6 Frühlingszwiebeln
6 Matjesfilets
150 g Joghurt
150 g saure Sahne
100 g süße Sahne
Salz und schwarzer Pfeffer
    aus der Mühle

Außerdem
1 TL Honig nach Belieben
2 EL Weißweinessig
    nach Belieben

Der Sahnehering

◆ Die Äpfel halbieren und das Kerngehäuse entfernen. Das Fruchtfleisch in feine Scheiben schneiden. Die Zwiebel schälen und in feine Ringe schneiden. Den weißen Teil der Frühlingszwiebeln in Ringe schneiden. Wer mag kann auch den grünen Teil verwenden. Manche mögen das nicht. Ich dagegen schon, aber ich schneide die grünen Teile besonders fein. Eine gute Handvoll der Frühlingszwiebelringe beiseitestellen.
Alle Zutaten mit Ausnahme der Matjesfilets in einer Schüssel vermengen und mit etwas Salz (nicht zu viel, den der Matjes ist an sich schon salzig genug) und Pfeffer würzen. Honig und Essig nach Belieben hinzufügen. Anschließend die Matjesfilets unterheben und abgedeckt mindestens 1 Stunde im Kühlschrank ziehen lassen. Noch besser schmeckt der Sahnehering, wenn er ein oder zwei Tage im Kühlschrank marinieren kann.

SAHNEHERING
mit roten Äpfeln auf Kartoffel-
Apfel-Zwiebel-Püree

Für das Püree

1 kg mehligkochende
Kartoffeln, geschält
2 EL Pflanzenöl
2 große Zwiebeln, geschält
und fein gehackt
1 Apfel, geschält, entkernt
und das Fruchtfleisch
in Würfel geschnitten
250 ml warme Milch
50 g Butter
Salz

*☛ Normaler-
weise würzt man
Kartoffelpüree mit
einer Prise frisch
geriebener
Muskatnuss. In
dieser Zusammen-
stellung sollte man
jedoch darauf
verzichten.*

Das Püree

◆ Die Kartoffeln in Salzwasser weich kochen.
In der Zwischenzeit das Öl in einer Pfanne erhitzen
und die Zwiebeln glasig anschwitzen. Die Äpfel
hinzufügen und das Ganze bei leichter Hitze dünsten, bis die Zwiebeln und die Äpfel sehr weich sind.
Sie dürfen keine Farbe nehmen.
Anschließend die Zwiebeln und die Äpfel in einem
hohen Gefäß mit dem Stabmixer zu einer glatten
Creme pürieren.
Sobald die Kartoffeln weich sind, das Wasser
abgießen und die Kartoffeln mit einem Kartoffelstampfer stampfen oder durch die Kartoffelpresse
drücken. Die warme Milch und die Butter einarbeiten und die Zwiebel-Apfel-Creme einrühren.
Mit Salz abschmecken.

Anrichten

◆ Eine Portion Püree auf den Teller geben, eine
Mulde formen und eine Portion Sahnehering
einlegen. Mit Frühlingszwiebelringen dekorieren. ✳

LACHSFILET auf Parmesanpolenta mit Pilzragout

Polenta fand in der traditionellen jüdischen Küche außer in Norditalien und den an diese Region angrenzenden Provinzen bislang wenig Beachtung. Heute aber wird in Israel Polenta zunehmend verwendet. Polenta ist nicht nur glutenfrei, sondern sogar koscher für Passah, denn – siehe hierzu die Ausführungen Seite 160 – es »darf nichts verspeist werden, was gesäuert ist oder Mehl enthält ...«.
Das Rezept, das ich hier vorstelle, ist nicht nur optisch ein Genuss, es schmeckt auch großartig. Ein Gericht zum Verwöhnen und Wohlfühlen.

FÜR 6 PORTIONEN

Für das Pilzragout
2 EL Olivenöl
50 g Butter
2 Zwiebeln, geschält
    und fein gehackt
4 Knoblauchzehen, geschält
400 g Champignons, geputzt
    und in Viertel geschnitten
40 g getrocknete Steinpilze,
    in lauwarmem Wasser
    eingeweicht
150 g Sahne
Salz und schwarzer Pfeffer
    aus der Mühle

Das Pilzragout

◆ Das Olivenöl und die Butter in einer Pfanne erhitzen und die Zwiebeln weich und goldgelb dünsten. Die Knoblauchzehen durch die Knoblauchpresse in die Pfanne drücken und weitere 5 Minuten bei leichter Hitze anschwitzen.
Die Champignons, die Steinpilze mitsamt dem Einweichwasser und die Sahne zugeben. Die Hitze etwas erhöhen und das Ganze köcheln lassen, bis die Flüssigkeit soweit reduziert ist, dass eine sämige Sauce entstanden ist. Mit Salz und Pfeffer würzen.

LACHSFILET auf Parmesan-
polenta mit Pilzragout

Für die Polenta
500 ml Milch
100 g Sahne
400 ml Wasser
Salz
250 g Polenta
50 g frisch geriebener
    Parmesan
50 ml Olivenöl
50 g Butter

Für den Fisch
6 Lachsfilets à 200–250 g
6 EL Olivenöl
Salz und schwarzer Pfeffer
    aus der Mühle

Die Polenta

◆ Milch, Sahne und Wasser salzen und in einem Topf
zum Kochen bringen. Die Temperatur reduzieren. Unter
ständigem Rühren nach und nach die Polenta zugeben.
Den Topf zudecken und 25 Minuten unter weiterem
gelegentlichem Rühren quellen lassen. Gegebenenfalls
warmes Wasser zugeben, wenn die Konsistenz zu kompakt
wird. Vom Herd nehmen, den Parmesan einrühren und
weitere 15 Minuten ziehen lassen.
Die Polenta entweder als Brei servieren oder alternativ auf
einem Brett oder Blech 1–2 cm dick ausstreichen und
auskühlen lassen. Anschließend in Streifen, Platten oder
andere Formen schneiden. Das Olivenöl und die Butter in
einer Pfanne erhitzen und die Polenta von beiden Seiten
goldbraun braten.

Der Fisch

◆ Die Lachsfilets mit je einem ½ Esslöffel Olivenöl
einreiben und mit Salz und Pfeffer würzen. Das restliche
Olivenöl in einer großen beschichteten Pfanne erhitzen,
bis es anfängt zu rauchen. Die Hälfte der Filets auf der
Hautseite hineinlegen und 4–5 Minuten bei mittlerer
Hitze braten, bis die Haut knusprig und der Fisch von
unten ungefähr zur Hälfte durchgegart ist. Die Filets
wenden und auf der anderen Seite weitere 3–4 Minuten
garen. Mit den restlichen Filets ebenso verfahren.

Anrichten

◆ Eine Portion Polenta auf den Teller geben, darüber
Pilzragout verteilen und darauf das Fischfilet legen. ✳

*☛ Wenn man
Polenta nicht als
Brei servieren
möchte, empfiehlt
es sich, sie zuerst
zuzubereiten oder
sogar schon am Tag
vorher. Die Polenta
im Kühlschrank
aufbewahren und
zum entsprechen-
den Zeitpunkt in
Stücke schneiden
und braten.*

GEGRILLTE HÄHNCHEN-FLÜGEL in pikanter Marinade mit Würfelkartoffeln

FÜR 6 PORTIONEN

Für die Hähnchenflügel

2–2,5 kg Hähnchenflügel
40 ml Olivenöl
½ Glas Rotwein
Saft von 2 Zitronen
2 Knoblauchzehen, geschält
 und zerdrückt
1 TL Senf
1 EL Rosmarin, getrocknet
1 EL Thymian, getrocknet
1 EL brauner Zucker
1 EL Tomatenmark
Salz und schwarzer Pfeffer
 aus der Mühle

Für die Kartoffeln

1 kg festkochende Kartoffeln,
 geschält
100 ml Olivenöl
½ TL Paprika, edelsüß
½ TL Kurkuma
½ TL Kreuzkümmel, gemahlen
¼ TL Cayennepfeffer

Am besten schmecken Hähnchenflügel vom Grill. Aber auch im Backofen gelingen sie. In jedem Fall ist außer gutem Fleisch die Marinade am wichtigsten.
Dieses Rezept kann man nach Gusto verändern, mal etwas weglassen oder ein Gewürz verwenden, was man besonders mag: Sojasauce, Chilisauce, Worcestersauce, Ketchup, Aceto balsamico, Brandy ...

Die Hähnchenflügel

◆ Die genannten Zutaten mit Ausnahme der Hähnchenflügel vermengen und die Hähnchenflügel darin wälzen. Abgedeckt mindestens 1 Stunde oder über Nacht im Kühlschrank ziehen lassen.
Den Backofen auf 180 °C vorheizen. Die Hähnchenflügel nebeneinander in eine große Bratform legen und mit Alufolie abgedeckt 50–60 Minuten garen, dabei einmal wenden. Anschließend die Alufolie abnehmen, die Grillstufe anheizen und die Hähnchenflügel von beiden Seiten 10–15 Minuten grillen.

Die Kartoffeln

◆ Die Kartoffeln in 2 cm große Würfel schneiden und in einer Schüssel mit den genannten Zutaten vermengen. Während die Hähnchenflügel im Backofen garen, die Kartoffelwürfel im Backofen 30–40 Minuten goldbraun backen. Zwischendurch zwei- bis dreimal die Backofentür öffnen und die Kartoffeln wenden, damit sie von allen Seiten Farbe annehmen.

Anrichten

◆ Jeweils einen oder zwei Hähnchenflügel auf den Teller geben und die Würfelkartoffeln daneben platzieren. ✳

HÄHNCHENLEBER
mit frischen und getrockneten Pflaumen in Rotweinsauce

Wenn ich Leber zubereite, so bin ich stets bemüht, für ein süßes Pendant zu sorgen. Das ist ein Rezept für ein feines Gericht aus Hähnchenleber, die oft nicht genug gewürdigt wird. Dieses Gericht habe ich von dem preisgekrönten Koch Charlie Fadida übernommen und weiterentwickelt. Ihm schulde ich überhaupt Dank, da er mir vieles zum Thema Kochen verraten hat. Charlie ist der Chefkoch des angesehenen Gourmetrestaurant Olive Leaf am Strand von Tel Aviv.

FÜR 6 PORTIONEN

9 EL Olivenöl
800 g frische Hähnchenleber, geputzt, gewaschen und trocken getupft
4 rote Zwiebeln, geschält, halbiert und in Halbringe geschnitten
1 EL brauner Zucker
12 getrocknete Pflaumen, entkernt
6 frische Pflaumen, entkernt und in Achtel geschnitten
1 Glas Rotwein
Salz und weißer Pfeffer aus der Mühle

☞ *Wenn Leber koscher sein soll, muss sie nicht nur von geschächteten Tieren kommen. Sie muss zudem über Feuer gegrillt worden sein oder, nachdem sie gesalzen wurde, unter einem Elektrogrill gut durchgegart werden. Leber enthält viel Blut, das nach der Kaschrut nicht verzehrt werden darf.*

◆ 3 Esslöffel Olivenöl in einer Pfanne erhitzen, bis es anfängt zu rauchen. Anschließend die Leber portionsweise rundum 2–3 Minuten braten. Die Leber herausnehmen und beiseitestellen. Bei Bedarf Öl zugeben. Das restliche Olivenöl erhitzen und die Zwiebeln in derselben Pfanne (die Röststoffe vom Braten der Leber sollen auch die Sauce geschmacklich verbessern) braten, bis sie weich sind und Farbe genommen haben. Den braunen Zucker und die Pflaumen dazugeben und das Ganze einige Minuten karamellisieren lassen. Mit dem Rotwein ablöschen und den Wein so lange köcheln lassen, bis die Flüssigkeit um die Hälfte reduziert ist. Die Leber wieder in die Pfanne geben und in der Sauce bei leichter Hitze zu Ende garen.

Anrichten
◆ Eine Portion Leber auf den Teller geben. Dazu schmeckt frisches Weißbrot. ✳

GERICHTE FÜR GÄSTE UND FESTE

LAMMKOTELETTS
mit Orangen-Ingwer-Sauce und Pilaw

Ich freue mich immer königlich, wenn ich in einem Restaurant mit einem Gericht überrascht werde, das ich nicht kenne, das mir aber fantastisch schmeckt. Dana, meine Frau, und ich waren begeistert, als wir dieses Gericht zum ersten Mal aßen. Ich habe anschließend immer wieder versucht, es nachzukochen, mir immer wieder aus der Erinnerung den Geschmack auf die Zunge geholt. Schließlich bin ich bei dieser Version gelandet, die ich Ihnen hier vorstelle.

FÜR 4 PORTIONEN

Für die Lammkoteletts
200 g Zucker
500 ml frisch gepresster
    Orangensaft
1 Glas Rotwein
50 g Ingwer, geschält
    und fein gehackt
¼ TL Zimtpulver
1,5 kg Lammkoteletts
    (3 pro Person,
    Zimmertemperatur)
10 EL Olivenöl
Salz und schwarzer Pfeffer
    aus der Mühle
1 Handvoll Minzeblätter,
    fein gehackt

Für den Pilaw
6 EL Olivenöl
50 g gehobelte Mandeln
2 kleine Zwiebeln,
    geschält und fein gehackt
50 g Rosinen
2 Tassen Basmatireis
2 Lorbeerblätter
4 Pimentkörner
2 Kardamomkapseln
Salz

Die Lammkoteletts

◆ Den Zucker in einem kleinen Topf erhitzen, bis er karamellisiert und die Farbe von Whisky annimmt. Vom Herd nehmen und etwas abkühlen lassen. Unter ständigem Rühren und zunächst in kleinen Mengen den Orangensaft und den Wein angießen. Den Ingwer und den Zimt hinzufügen und so lange bei leichter Hitze köcheln lassen, bis sich die Flüssigkeit in etwa auf die Hälfte reduziert hat. In der Zwischenzeit den Pilaw zubereiten.

Der Pilaw

◆ Das Olivenöl in einem Topf erhitzen und die Mandeln goldgelb rösten. Die Zwiebeln hinzufügen und glasig anschwitzen. Die Rosinen und den Reis dazugeben und unter Rühren kräftig erhitzen. Die übrigen Gewürze dazugeben und drei Tassen Wasser angießen. Aufkochen lassen, noch einmal umrühren und zugedeckt 18–20 Minuten bei leichter Hitze garen. Den Topf vom Herd nehmen und zugedeckt weitere 20 Minuten nachgaren lassen. Vor dem Servieren Lorbeerblätter, Piment und Kardamom entfernen und den Reis mit einer Gabel etwas auflockern.

Fertigstellung

◆ Wenn der Pilaw fertig ist, die Koteletts mit Olivenöl einreiben und von beiden Seiten mit Salz und Pfeffer würzen. 2 Esslöffel Olivenöl in einer großen Pfanne erhitzen, bis es anfängt zu rauchen. Die Koteletts portionsweise (nicht mehr als drei auf einmal, damit die Temperatur nicht zu sehr absinkt!) von beiden Seiten jeweils 2–4 Minuten medium braten.

Anrichten

◆ Eine Portion Pilaw auf den Teller geben und zwei Lammkoteletts darauf anordnen. Die Minzeblätter an die Orangen-Ingwer-Sauce geben. Das Fleisch mit der Sauce überziehen. ✳

RUMPSTEAK mit Knoblauch-Confit und Majadra mit Kurkuma-Zwiebeln

Ich bin ein großer Fleischfreund. Da man in Israel gerne und viel Fleisch isst, komme ich glücklicherweise voll auf meine Kosten. Ich könnte mich nur von Steaks ernähren, ich brauche eigentlich nichts anderes, wiewohl ich weiß, dass ein Gericht erst dann rund ist, wenn auch die Beilage interessant ist.

Zu meinem Repertoire der Beilagen gehört Knoblauch-Confit. Möglicherweise ist Ihnen Confit schon einmal im Zusammenhang mit Fleisch begegnet, das in seinem eigenen Fett mehrere Stunden langsam gart und das man dann darin einlegt und auf diese Weise haltbar macht. Das ist eine Delikatesse, vor allem wenn die Basis Enten- oder Gänsefleisch ist.

Confit kann man auch mit Gemüse herstellen. Statt tierischem Fett verwendet man bestes Olivenöl. Es soll nicht heißer als 80/90 °C werden. Man muss dem Gemüse allerdings etwas mehr Zeit zum Garwerden lassen.

Knoblauch-Confit ist von jeher mein Favorit. Knoblauch entwickelt auf diese Weise seinen eigenen feinen Geschmack und nimmt die Aromen der Gewürze an, die dem Öl hinzugefügt werden. Dabei verliert der Knoblauch durch diese schonende Garmethode seine Schärfe.

Knoblauch-Confit kann man als Beilage zu Gemüse, Fisch und Fleisch reichen oder auf Brot streichen (ja, Sie lesen richtig: streichen; denn wenn es Ihnen gelungen ist, Knoblauch-Confit perfekt zuzubereiten, ist der Knoblauch so weich, dass er sich streichen lässt).

FÜR 4 PORTIONEN

Für das Knoblauch-Confit
150 g Knoblauchzehen, geschält
½ TL Thymian, frisch oder getrocknet
½ TL Rosmarin, frisch oder getrocknet
4 schwarze Pfefferkörner
4 Pimentkörner
1 Prise Salz
200 ml Olivenöl

☛ *Wenn das Öl zu heiß ist, entsteht kein Confit, sondern frittierter Knoblauch. Das ist zwar auch lecker, aber etwas völlig anderes.*

Das Knoblauch-Confit

◆ Den Backofen auf 90 °C vorheizen. Alle Zutaten in einen kleinen hohen Topf mit feuerfesten Griffen geben und dabei so viel Öl angießen, dass die Knoblauchzehen bedeckt sind. Den Topf in den heißen Ofen stellen und den Knoblauch etwa 1 Stunde garen. Garprobe machen! Hierzu mit einem kleinen spitzen Messer in eine Knoblauchzehe stechen. Die Knoblauchzehe muss ganz weich sein.

Will man das Confit lieber auf dem Herd zubereiten, muss man genau aufpassen, dass die Temperatur nicht zu hoch wird. Fängt das Öl zum Beispiel an zu brodeln, ist sie in jedem Fall zu hoch. Der Knoblauch soll weich werden, jedoch weder braun noch kross. Ist das Öl zu heiß geworden, den Topf von der heißen Platte nehmen und einige Minuten abkühlen lassen, bevor man ihn wieder auf die Platte stellt. Es kann sein, dass dieses Spiel einen Wechsel von der Platte zum Abkühlen ein Dutzend Mal erfordert, bevor das Confit fertig ist. Aber insgesamt geht es etwas schneller als im Backofen.

Für das Majadra

2 Zwiebeln, fein gehackt
4 EL Olivenöl
2 Tassen Reis
½ TL Salz
100 g braune Linsen
½ TL Kreuzkümmel, gemahlen
Salz und schwarzer Pfeffer
    aus der Mühle

Für die Kurkuma-Zwiebeln

6 EL Olivenöl
3 Zwiebeln, geschält, halbiert
    und in Halbringe
    geschnitten
1 TL Kurkuma
Salz

Für die Steaks

4 Rumpsteaks à 250 g,
    gut abgehangen und
    trocken getupft
6 EL Sonnenblumenöl
4 EL Olivenöl
Fleur de sel und
    schwarzer Pfeffer
    aus der Mühle

☛ Majadra ist ein traditionelles Gericht aus Linsen, Reis und Zwiebeln.

Das Majadra

◆ Das Olivenöl in einem Topf erhitzen und die Zwiebeln goldbraun anschwitzen. Den Reis hinzufügen und kräftig erhitzen. Drei Gläser Wasser sowie das Salz dazugeben und zum Kochen bringen. Nun die Temperatur wieder reduzieren und bei leichter Hitze zugedeckt 18–20 Minuten garen. Den Reis vom Herd nehmen und zugedeckt 20 Minuten nachgaren lassen.

In der Zwischenzeit die Linsen in Salzwasser 15–20 Minuten bissfest kochen. Durch ein Sieb abgießen.

Sobald Reis und Linsen fertig sind, beide miteinander vermengen und mit Kreuzkümmel, Salz und Pfeffer würzen.

Die Kurkuma-Zwiebeln

◆ Das Olivenöl in einer Pfanne erhitzen und die Zwiebeln goldbraun und weich anschwitzen. Mit Kurkuma und Salz würzen. Die Zwiebeln sollen weich sein, aber ihre Form behalten.

Die Steaks

◆ Die Steaks etwa eine halbe Stunde vor der Zubereitung aus dem Kühlschrank nehmen und nebeneinanderlegen, damit sie gleichmäßig Zimmertemperatur annehmen.

Den Backofen auf 180 °C vorheizen und in einer großen Pfanne die Hälfte des Sonnenblumenöls kräftig erhitzen. In der Zwischenzeit die Steaks mit je 1 Esslöffel Olivenöl einreiben und mit dem Fleur de sel und Pfeffer würzen.

Die Steaks portionsweise in die Pfanne legen. Dabei sollten nie mehr als zwei oder drei Stück gebraten werden, um zu vermeiden, dass die Temperatur absinkt. Das würde dazu führen, dass die Steaks gekocht und nicht gebraten werden. Nach 3–4 Minuten die Steaks wenden und von der anderen Seite ebenfalls 3–4 Minuten braten. Auf einem mit Backpapier ausgelegten Backblech einige Minuten ruhen lassen und mit den übrigen Steaks genauso verfahren.

Die Steaks auf dem Backblech in den Ofen schieben und 5–10 Minuten – je nach gewünschtem Gargrad – fertig garen.

Anrichten

◆ Die Steaks auf die Teller verteilen. Darauf und daneben einige confierte Knoblauchzehen legen. Daneben eine Portion Majadra geben, das ein Löffel Zwiebeln krönt. ✳

WEISSE SUPPE mit karamellisierten Fenchelscheiben

Anis ist ein Gewürz mit einem ganz besonderen Aroma. In dieser Suppe kommt Anis gleich dreimal vor (im Fenchel, im Sternanis und im Arrak), was der Suppe einen außergewöhnlichen Geschmack verleiht.
Die karamellisierten Fenchelscheiben sind im Übrigen auch eine wunderbare Beilage zu Fleisch- oder Fischgerichten.

☛ *Arrak ist Anisschnaps. Alternativ kann man Raki, Ouzo, Absinth, Pastis, Pernod, Sambuca oder Mastika verwenden.*

FÜR 6 PORTIONEN

6 EL Olivenöl
2 mittelgroße Zwiebeln, geschält und fein gehackt
15 g weißer Reis
2 cl Arrak
1,5 kg Fenchel
500 ml Milch
1 Sternanis
½ TL weißer Zucker
Salz und schwarzer Pfeffer aus der Mühle
½ TL brauner Zucker
2 Msp. Cayennepfeffer
20 g kalte Butter, in Würfel geschnitten

◆ 3 Esslöffel Olivenöl in einem großen Topf erhitzen und die Zwiebeln mit etwas Salz anschwitzen, ohne dass sie Farbe nehmen. Den Reis hinzufügen und unter Rühren glasig werden lassen. Den Arrak zugeben und die Flüssigkeit verdampfen lassen.
Den Fenchel längs in Scheiben schneiden. Sechs besonders schöne Scheiben beiseitelegen und den Rest in den Topf geben. Die Milch angießen und so viel Wasser hinzufügen, dass der Fenchel fast ganz bedeckt ist. Den Sternanis dazugeben und den Zucker einstreuen. Mit Salz und Pfeffer würzen. Zum Kochen bringen und köcheln lassen, bis Fenchel und Reis weich sind.
In der Zwischenzeit das restliche Olivenöl in einer Pfanne erhitzen und die sechs beiseitegelegten Fenchelscheiben goldbraun und weich schmoren. Während des Schmorens mit dem braunen Zucker bestreuen und mit Salz und Pfeffer würzen. Wenn der Fenchel und der Reis in der Suppe weich sind, den Sternanis herausnehmen und den Fenchel mit dem Stabmixer fein pürieren. Anschließend mit Cayennepfeffer sowie Salz und Pfeffer abschmecken.
Wichtig! Die Suppe durch ein Sieb passieren, um die Fenchelfäden zu entfernen.

Anrichten

◆ Kurz vor dem Servieren die Butter in die heiße Suppe geben und mit dem Stabmixer sämig aufschlagen. In tiefe Teller füllen und jeweils mit einer karamellisierten Fenchelscheibe belegen. ✳

Wein und Öl

Ein bekannter israelischer Witz hat eine originelle Antwort darauf, weshalb Moses vierzig Jahre brauchte, um die kleine Sinaihalbinsel zu durchqueren: Er musste lange suchen, bis er den einzigen Ort im Nahen Osten fand, in dem es kein Erdöl gibt. Dafür hat Israel ein ganz anderes, weitaus gesünderes Öl zu bieten: das Olivenöl, das im jüdischen Leben eine besondere Rolle spielt und aus der Geschichte des Landes nicht wegzudenken ist. Die anfängliche Nutzung dieser Früchte geht Moses' Odyssee lang voraus. Ausgrabungen auf dem Carmelberg fanden einen der ältesten Beweise für den Verzehr von Oliven – 8 000 Jahre alte Kerne. In der Thora gelten Olivenbaum und Rebe als zwei der sieben Früchte, mit denen das Land Israel gesegnet ist. Im Tempel diente Olivenöl dazu, den siebenarmigen Leuchter zu betreiben, wurde als geschätztes Opfer dargebracht und zur Salbung der Hohepriester genutzt. Auch heute darf das aromatische Olivenöl, das aus verschiedenen Sorten gewonnen wird, in keiner israelischen Küche fehlen. Die syrische Olive und die Nabali sind in der gesamten Region verbreitet. Die Barnea oder Maalot, deren Geschmack milder und aromatischer ist, wurden hingegen eigens in Israel entwickelt. Bei aller Begeisterung für den alten Baum deckt die Jahresernte von 8 800 Tonnen jedoch nur zwei Drittel des lokalen Bedarfs, obschon Israel seine Ölproduktion seit 1990 verneunzehnfacht hat. So wird ein großer Teil des Öls importiert.

❖

Nur eine andere Flüssigkeit kann es mit der symbolischen Bedeutung des Olivenöls aufnehmen: Wein. Die Anfänge des Weinbaus vermutet man zwar in der Gegend des Schwarzen Meeres, schon der Grieche Thukydides schrieb aber im 5. Jahrhundert v. Chr.: »Die Völker des Mittelmeeres entwickelten sich aus der Barbarei erst, als sie lernten, Wein und Oliven anzubauen.« Im Altertum war der Anbau von Wein in Israel bereits weit verbreitet. Bislang fand sich neben fast jeder archäologischen Ausgrabung auch eine alte Weinpresse. In den Zeiten des Tempels spendete jeder Weinbauer den Zehnt seines Weines den Priestern. Bis heute spielt der edle Tropfen im jüdischen Brauchtum eine zentrale Rolle. Jeden Freitag wird der Beginn des Schabbat mit einem Segensspruch über einem Glas Wein gefeiert, beim Passahfest muss man gar vier derselben an einem Abend trinken. Kaschrut für Wein ist besonders streng: nur Juden, die den Schabbat einhalten, dürfen mit dem Wein während seiner Herstellung in Berührung kommen. Sonst ist er nicht koscher.

Die Eroberung Palästinas durch die Muslime im siebten Jahrhundert unterbrach jäh diese jahrtausendealte Tradition. Da im Islam der Gebrauch von Alkohol verboten ist, wurden die Weinberge im Land verwüstet. Erst deutsche und zionistische Siedler brachten den Weinanbau Ende des 19. Jahrhunderts ins Land zurück. David Ben Gurion, der erste Premier Israels, verdingte sich als junger Einwanderer bei Carmel, heute der älteste und größte Weinproduzent Israels, um die Ernte von den Weinbergen in die Kellerei zu schleppen. Die Anfänge waren bescheiden: Die ersten Ernten 1889 und 1890 kippten noch, denn die aus Frankreich angereisten Experten hatten nicht das heiße lokale Klima berücksichtigt. Erst nachdem man sechs Meter tiefe Keller angelegt hatte, verließen die ersten trinkbaren Weine die Kellerei.

❖

Seither hat sich viel verändert. Israel wurde in den vergangenen zwanzig Jahren von einem regelrechten »Weinfieber« ergriffen. Mehr als 200 Weingüter wurden seither im Land gegründet. Viele von ihnen werden als »Garagists« bezeichnet: Privatleute, die in ihrem Hinterhof weniger als 100 000 Flaschen im Jahr produzieren. Zu Anfang stellten sie Wein nur aus importierten Reben her. Cabernet Sauvignon und Merlot waren dabei die häufigsten Sorten. Dank der klimatischen Vielfalt werden in Israel aber immer mehr und immer hochwertigere Sorten angebaut. Dabei beschränken sich Weinbauern nicht mehr nur auf die kühlen Berge in den Golanhöhen. Von der Saronebene rund um Tel Aviv, über die Hügel Judäas ist man inzwischen bis tief in die Wüste südlich von Hebron vorgedrungen, wo zwischen braunen, kahlen Hügeln Reben der Sorten Viognier, Sauvignon und Shiraz heranreifen und ein ganz besonderes, sonnenverwöhntes Bouquet entfalten. In den Hügeln rund um Beit Schemesch, in der Mitte zwischen Tel Aviv und Jerusalem, feierte man unlängst die Heimkehr eines alten Bekannten: Muscat Alexandria, eine der ältesten Rebsorten der Welt, hat ihren Weg zurück zu den grünen Hügeln gefunden.

❖

Das Resultat dieser Bemühungen kann sich sehen lassen: Israels Weine werden inzwischen auch auf internationalen Wettbewerben prämiert.

ISRAELISCH-RHEINISCHER
Sauerbraten

Wenn ich Ihnen als geborener Rheinländer in diesem Buch ein Rezept für Rheinischen Sauerbraten verraten würde, würden Sie wohl den Kopf schütteln und sagen: Thema verfehlt. Ich aber habe das klassische Rezept meiner Mutter weiterentwickelt und um einige regionaltypische Zutaten ergänzt bzw. sie ausgetauscht. Somit verdient dieser Sauerbraten »Israel-Rheinischer Sauerbraten« genannt zu werden.

FÜR 6 PORTIONEN

200 ml Rotwein
200 ml Aceto balsamico
2 Lorbeerblätter
4 Gewürznelken
¼ TL Zimtpulver
4 Pimentkörner
1,5 kg falsches Rinderfilet
5 EL Olivenöl
3 mittelgroße Zwiebeln,
    geschält und in Ringe
    geschnitten
etwa 1 l Orangensaft
8 getrocknete Pflaumen,
    entkernt
8 getrocknete Feigen
8 getrocknete Aprikosen
1 Apfel, geschält,
    entkernt und in
    Würfel geschnitten
100 g Rosinen
4 EL Silan (Sirup aus frischen
    Datteln)
Salz und schwarzer Pfeffer
    aus der Mühle

◆ Den Rotwein mit Aceto balsamico, Lorbeerblättern, Gewürznelken, Zimt und Pimentkörnern kurz aufkochen lassen. Anschließend vom Herd nehmen und auskühlen lassen. Das Fleisch in eine Schüssel legen und die Marinade darübergießen. So viel Wasser angießen, dass das Fleisch bedeckt ist. Zugedeckt im Kühlschrank 2–4 Tage ziehen lassen. Das Fleisch täglich ein- bis zweimal wenden.
3 Esslöffel Olivenöl in einem Bräter erhitzen. Das Fleisch aus der Marinade nehmen, sorgfältig trocken tupfen und rundum scharf anbraten. Das Fleisch aus dem Bräter nehmen. Das restliche Öl in den Bräter geben und die Zwiebeln einige Minuten glasig anschwitzen. Das Fleisch wieder hineinlegen und die Marinade durch ein Sieb angießen. So viel Orangensaft hinzufügen, dass der Braten bedeckt ist. Die Flüssigkeit aufkochen lassen und das Ganze zugedeckt 2–2 ½ Stunden bei leichter Hitze köcheln lassen. Das Fleisch in dieser Zeit zwei- bis dreimal wenden. Für die letzte halbe Stunde die Früchte dazugeben. Den Braten herausnehmen und in Scheiben schneiden.
Die Sauce mit Silan sowie Salz und Pfeffer süßsauer abschmecken. Wer die Sauce lieber kompakter mag, kann sie mit Saucenbinder etwas eindicken. Die Sauce vor dem Anrichten nochmals kurz aufkochen lassen und den Braten zurück in die Sauce legen.

Anrichten

◆ Traditionell isst man Rheinischen Sauerbraten mit Klößen oder Salzkartoffeln. Zu meinem Rheinisch-Israelischen Sauerbraten passt auch gut Pilaw (siehe Seite 135).
Den Braten in Scheiben schneiden. Die Fleischscheiben auf den Teller geben und mit der Sauce überziehen. ✳

145

GRÜNE BÉCHAMELSUPPE
mit Brokkoli, Spinat und weißen Mandeln

Die Anregung zu diesem nahrhaften Süppchen, das reich an Aromen ist, habe ich von Gil Yaron, der die auch für mich interessanten Texte in diesem Buch verfasst hat, erhalten.

Wie es meine Art ist, habe ich seine Suppe weiterentwickelt und ihr so meinen Stempel aufgedrückt. Im Übrigen: Anstelle von Spinat kann ebenso gut Mangold verwendet werden. Doch, offen gestanden, mir würde die intensiv grüne Farbe des Spinats fehlen.

FÜR 6 PORTIONEN

Für das Gemüse
3 EL Olivenöl
2 mittelgroße Zwiebeln, fein gehackt
Salz
400 g Brokkoli
100 g Spinat, frisch oder TK
40 g geschälte gemahlene Mandeln
Cayennepfeffer

Für die Béchamelsauce
80 g Butter
80 g Mehl
1 l warme Milch
¼ TL frisch geriebene Muskatnuss
Salz

Außerdem
40 g gehobelte Mandeln
Crème fraîche

Das Gemüse

◆ Das Olivenöl in einem großen Topf erhitzen und die Zwiebeln mit etwas Salz glasig anschwitzen und bei leichter Hitze weich garen. Brokkoli, Spinat und die Mandeln dazugeben. Vom Herd nehmen, bis die Béchamelsauce fertig ist.

Die Béchamelsauce

◆ Die Butter bei mittlerer Hitze in einem Topf zerlassen und das Mehl mit einem Schneebesen einrühren. 2–3 Minuten bei leichter Hitze anschwitzen, jedoch nicht bräunen. Dabei ununterbrochen mit dem Schneebesen rühren. Den Topf vom Herd nehmen und die Milch nach und nach einrühren.
Den Topf wieder auf den Herd stellen. Nun die Sauce aufkochen lassen und mit Muskat und Salz würzen. 8–10 Minuten köcheln lassen, dabei immer wieder rühren.

☛ *Die Milch darf in diesem Fall nicht zu heiß sein, weil sie zu schnell mit dem Mehl binden würde und sich dann Klümpchen bilden. Daher darf die Milch nur warm sein. Milch und Mehl sollen erst beim anschließenden Aufkochen binden.*

☛ *Für den Fall, dass frischer Spinat für die Suppe verwendet wird, diesen vor der Verwendung blanchieren.*

146

GRÜNE BÉCHAMELSUPPE
mit Brokkoli, Spinat und
weißen Mandeln

Fertigstellung

◆ Die Béchamelsauce nun an das Gemüse gießen. Eventuell etwas warmes Wasser hinzufügen, um das Gemüse zu bedecken. Die Suppe köcheln lassen, bis der Brokkoli weich ist. Er sollte in diesem Fall nicht mehr bissfest sein.

In der Zwischenzeit die gehobelten Mandeln in einer kleinen Pfanne ohne Fett rösten, dabei die Pfanne ständig bewegen. Beiseitestellen.

Die Suppe mit dem Stabmixer fein pürieren, mit Salz und etwas Cayennepfeffer abschmecken und durch ein Sieb passieren.

Anrichten

◆ Die Suppe in tiefe Teller geben. Mit jeweils 1 Teelöffel Crème fraîche und den gerösteten Mandelblättchen dekorieren. ✳

☛ *Wer mag, kann auf den letzten Schritt verzichten und die Suppe am Schluss nicht durch ein Sieb streichen. Dann spürt man die Textur der geriebenen Mandeln auf der Zunge.*

☛ *Das Würzen der Béchamelsauce ist in diesem Fall nicht so wichtig, da ja zum Schluss die Suppe gewürzt werden muss. Grundsätzlich allerdings empfiehlt es sich, Gerichte, insbesondere Suppen, immer schon während des Kochens zu würzen und nicht erst, wenn die Zutaten bereits gar sind. Einerseits ist es immer schwierig, größere Mengen geschmacklich perfekt abzustimmen. Andererseits können die Zutaten die Geschmacksstoffe während des Kochens bereits aufnehmen.*

149

FORELLE IM SALZMANTEL
mit Avocadocreme

Fisch in einer Salzkruste zu garen, ist eine alte traditionelle Methode (vermutlich an Küstenorten entstanden, wo es Meerwassersalinen gab). Der Fisch gart schonend, bleibt saftig und fest und behält seinen Eigengeschmack, ja noch mehr, der Geschmack wird noch intensiver, da das Salz die Aromen bindet und zudem die eigenen Spurenelemente und Mineralstoffe abgibt. Zu diesem fantastischen Gericht reiche ich gerne eine typische israelische Sauce aus Avocados.

FÜR 6 PORTIONEN

Für den Fisch

2 Forellen, ausgenommen
(je 800 g–1 kg)

2 kg grobes Meersalz

4 Eiweiß

50 g Mehl

½ Biozitrone, in Scheiben
geschnitten

2 Thymianzweige

schwarzer Pfeffer
aus der Mühle

Für die Avocadocreme

2 reife Avocados

Saft einer ½ Zitrone

1 Knoblauchzehe,
geschält und zerdrückt

Salz und schwarzer Pfeffer
aus der Mühle

250 ml Rapsöl

☛ *Man kann es sich einfacher machen, indem man die reifen Avocados püriert und mit etwa 300 g Mayonnaise (siehe Seite 152) verrührt.*

Der Fisch

◆ Den Backofen auf 200 °C vorheizen. Die Fische unter fließendem kaltem Wasser waschen und trocken tupfen. Das grobe Salz mit dem Eiweiß und dem Mehl in einer Schüssel vermengen. Anschließend je 1–2 Scheiben Zitronen und 1 Thymianzweig in den Fischbauch geben. Ein Backblech mit Backpapier auslegen und die Fische jeweils in entgegengesetzter Richtung nebeneinanderlegen. Die Salzmasse darüber verteilen. Dabei mit den Händen die Form der Fische nachformen. Wichtig! Die Fische müssen ganz mit Salz bedeckt sein. 30–35 Minuten im heißen Ofen garen.

Die Avocadocreme

◆ Die Avocados längs in zwei Hälften teilen und den Kern entfernen. Mit einem Löffel das Fruchtfleisch herausnehmen und in ein schmales hohes Gefäß geben. Mit dem Stabmixer das Fruchtfleisch fein pürieren und Zitronensaft, Knoblauch sowie Salz und Pfeffer hinzufügen. Zuerst tropfenweise, danach in feinem Strahl das Öl hinzufügen. Nochmals mit Salz und Pfeffer sowie Zitronensaft abschmecken.

Anrichten

◆ Zum Servieren die Salzkruste am Tisch aufbrechen und die Haut der Fische entfernen. Die Filets auslösen und auf die Teller geben. Dabei aufpassen, dass kein Salz auf das ausgelöste Fleisch fällt. Die Avocadocreme neben den Fisch geben. ✳

FORELLENZOPF in Meerrettich-Orangen-Sauce mit Kartoffelscheibchen in Zitrusvinaigrette

Mit diesem Gericht habe ich die Audition des »Masterchef«-Wettbewerbs eröffnet. Die Jury war begeistert und sprach mir nicht nur höchstes Lob aus, sondern äußerte, stellvertretend für das ganze Volk, die Hoffnung, dass ich ein Restaurant eröffnen würde, um jedermann zu zeigen, dass man koscheres Essen auf höchstem, ja sogar Michelin-Niveau kochen könnc. Für mich war das nicht nur zu Beginn ein toller Erfolg, ich war für den Rest des Wettbewerbs in die Favoritenrolle gerückt, der es gerecht zu werden galt.
Die Idee zu dem Gericht kam mir beim Weihnachtsessen zu Hause bei meinen Eltern. Traditionell aßen wir an Heiligabend Kartoffelsalat mit geräuchertem Fisch.
Mit der besonderen Form der Forelle folgte ich der Form der Challot, der traditionellen Schabbat-Brote, und die Saucen habe ich bewusst erfrischend mediterran gewürzt.

FÜR 4 PORTIONEN

Für die Sauce
2 Eigelb
1 TL Senf
250 ml Rapsöl
Saft einer ½ Zitrone
Saft von 1 Orange
2 EL frisch geriebener
    Meerrettich
1 TL flüssiger Honig

Die Sauce

◆ Basis der Sauce ist eine Mayonnaise, die ohne großen Aufwand selbst hergestellt werden kann und jeder gekauften vorzuziehen ist. Wichtig ist, dass die Zutaten zimmerwarm sind. Die Eigelbe mit dem Senf in einer Schüssel mit einem Handrührgerät kräftig verschlagen. Das Öl zuerst tropfenweise unterrühren, immer darauf achtend, dass das Öl zu einer Emulsion bindet. Die Geschwindigkeit des Geräts erhöhen und das Öl in feinem Strahl zugießen, bis die gesamte Menge aufgenommen wurde. Die Zitrussäfte einrühren. Nun den Meerrettich hinzufügen. Die Konsistenz der Sauce sollte flüssig sein, gegebenenfalls Zitrussaft zusätzlich hinzufügen. Den Honig unterrühren.

FORELLENZOPF in Meerrettich-
Orangensauce mit Kartoffelscheibchen
in Zitrusvinaigrette

Für die Kartoffelscheibchen
1 EL Zitronensaft
½ TL abgeriebene Schale von
     1 Biozitrone
2 EL Orangensaft
½ TL abgeriebene Schale
     von 1 Bioorange
1 EL Pampelmusensaft
200 ml Olivenöl
Salz und schwarzer Pfeffer
     aus der Mühle
½ TL Zucker
20 kleine festkochende
     Kartoffeln, gekocht
     und geschält

Für den Fisch
1 Möhre, geschält
1 Zwiebel, geschält
1 Stange Bleichsellerie
1 Glas Weißwein
2 Lorbeerblätter
2 Pimentkörner
4 kleine Forellenfilets
2 EL Olivenöl
Salz und schwarzer Pfeffer
     aus der Mühle

Die Kartoffelscheibchen in Zitrusvinaigrette
◆ Die Zitrussäfte und den -abrieb in einer Schüssel vermengen.
Das Olivenöl zufügen und unter Rühren mit dem Schneebesen
binden. Mit Salz, Pfeffer und Zucker würzen.
Die Kartoffeln in ½ cm dicke Scheiben schneiden. Die Enden
nicht verwenden. Die Kartoffelscheiben in die Vinaigrette
einlegen und in einem Topf auf dem Herd einige Minuten vor
dem Servieren leicht erwärmen.

Der Fisch
◆ Einen Dämpftopf (oder normalen Topf mit Dämpfeinsatz)
2 cm hoch mit Wasser füllen. Das Wasser zum Kochen bringen.
Das Gemüse in grobe Stücke schneiden und in den Topf geben.
Den Wein angießen und die Lorbeerblätter sowie die Pimentkörner zugeben. Bei leichter Hitze köcheln lassen.
Die Fischfilets häuten und vom Schwanz her in drei gleich dicke
Streifen schneiden, wobei diese am Schwanzteil verbunden bleiben sollen. Den Fisch mit dem Olivenöl bestreichen und leicht
mit Salz und Pfeffer würzen. Jedes Filet zu einem Zopf flechten
und zugedeckt 6–8 Minuten dämpfen.

Anrichten
◆ Die Kartoffelscheiben auf einem runden Teller in einem Kreis
von etwa 15 cm Durchmesser anordnen. 1 Teelöffel Sauce in die
Mitte geben und den Forellenzopf vorsichtig darauflegen. Mit
etwas Sauce den Fisch überziehen und heiß servieren. ✳

»DOPPELDECKER«
von Saibling auf Sellerie-Mascarpone-Creme

FÜR 4 PORTIONEN

Für die Creme

200 g Knollensellerie,
　　geschält und in grobe
　　Würfel geschnitten
1 TL Zucker
1 Msp. Safranfäden
150 g Mascarpone
50 ml Olivenöl
1 EL Weißweinessig
1 Eigelb
Salz und schwarzer Pfeffer
　　aus der Mühle

Für den Fisch

8 EL Olivenöl
80 g Panko (japanisches
　　Paniermehl)
1 Msp. Kreuzkümmel
½ TL Paprika, edelsüß
1 Msp. Cayennepfeffer
8 Saiblingsfilets, mit Haut
　　und ohne Gräten
Salz
1 TL Petersilienblätter,
　　fein gehackt
1 TL Korianderblätter,
　　fein gehackt
½ TL Thymianblättchen

Ich bin immer wieder auf der Suche nach ungewöhnlichen Fischgerichten, nach Gerichten, die wunderbar schmecken und die man gut zu Hause zubereiten kann. Für dieses Gericht fülle ich eine knusprige Kräuterfüllung zwischen zwei Fischfilets. Um diese Füllung herum gart der Fisch und verschließt die Füllung. Die Füllung gibt ihr Aroma auch an das Fischfleisch ab – großartig. Eine geschmacklich einzigartige Ergänzung ist die Creme aus Sellerie und Mascarpone.

Zum Panieren verwende ich nahezu immer Panko. Panko ist japanisches Paniermehl, mit dem man meines Erachtens bessere Ergebnisse erzielt als mit dem allseits bekannten Paniermehl.

Die Creme

◆ Salzwasser in einem Topf zum Kochen bringen und den Sellerie mit dem Zucker und dem Safran weich kochen. Mit dem Schaumlöffel herausnehmen und abkühlen lassen. Den Sellerie zusammen mit den übrigen Zutaten mit dem Stabmixer fein pürieren. Durch ein Sieb streichen. Wenn die Creme zu steif ist, etwas von dem Kochsud unterrühren.

Der Fisch

◆ 2 Esslöffel Olivenöl in einer Pfanne erhitzen und das Panko kurz kross braten. Kreuzkümmel, Paprika und Cayennepfeffer dazugeben, kurz erwärmen und das Ganze auskühlen lassen. Den Backofen auf 180 °C vorheizen. Die Fischfilets sorgfältig trocken tupfen und jeweils die Hautseite mit einem ½ Esslöffel Olivenöl einreiben. Von beiden Seiten salzen.

In einer großen Pfanne jeweils 2 Esslöffel Olivenöl erhitzen und jeweils nur 2 (!) Filets auf der Hautseite etwa 1–2 Minuten braten, bis das Fischfleisch in etwa zur halben Höhe weiß wird. Anschließend die Filets auf ein mit Backpapier ausgelegtes Backblech geben. Genauso mit den übrigen Filets verfahren.

Nun das gewürzte Panko mit den frischen Kräutern vermengen und auf zwei der Fischfilets verteilen (darauf achten, dass jeweils das passende Oberstück unbelegt bleibt; wir wollen den Fisch aus seinen zwei Filets wieder zusammensetzen).

Nun das passende Oberstück auf das Kräuter-Panko legen und etwas andrücken. Darauf achten, dass nicht zu viel Panko als Füllung verwendet wird.

Das Blech in den Ofen schieben und die Doppeldecker 8–10 Minuten zu Ende garen. Hin und wieder zwischen die Filets schauen, um zu prüfen, ob das Fleisch weiß, also gar ist.

Anrichten

◆ Eine Portion Sellerie-Mascarpone-Creme auf einem Teller verstreichen und darauf einen »Doppeldecker« geben. ✳

☛ Will man Fisch zubereiten, ist es besonders ratsam, eine beschichtete Pfanne zu verwenden, damit die Haut am Fisch und nicht am Pfannenboden kleben bleibt. Wenn man keine beschichtete Pfanne hat, legt man ein Stück Backpapier in eine Pfanne und brät darauf. Das Ergebnis ist genauso gut wie das Braten in einer beschichteten Pfanne

☛ Beim Garen von Fisch darf kein Eiweiß austreten. Das wäre ein Zeichen dafür, dass der Fisch übergart ist.

Im Kibbutz Dan im Norden Israels versuchte man schon 1946, die Flüsse, die sich von den Höhen ihre Bahn gesucht hatten, zu nutzen, um Forellen zu züchten. 1948 jedoch wurde die Farm von Geschossen aus Syrien zerstört, und der gesamte Fischbestand ergoss sich in den Flusslauf. Erst 1967, nach dem Sechs-Tage-Krieg, wurde es möglich, in diesem Gebiet einen neuen Versuch zu wagen, nachdem nun die Grenze zu Syrien weiter nördlich lag. Im Jahr 1969 wurde die Züchtung wieder aufgenommen, und seitdem wächst die Produktion von Jahr zu Jahr. Heute versorgt die Farm aus 45 Becken 90 Prozent des Forellenbedarfs in Israel.

Jüdische Feiertage

Einem bekannten jüdischen Witz zufolge kann man das Leitmotiv vieler jüdischer Feiertage pointiert wie folgt zusammenfassen: »Man wollte uns töten, wir haben es überlebt. Lasst uns was zusammen essen!« Obschon dies ein schon fast süffisantes Fazit jahrtausendealter Kultur und jahrtausendealten Glaubens ist, beinhaltet dieser Scherz zumindest ein Körnchen Wahrheit: Fast jedes jüdische Fest hat seine eigenen, klassischen Gerichte, die davon nicht wegzudenken sind. Das gemeinsame Abendmahl mit Freunden und Familie ist Hauptprogrammpunkt vieler Feiertage. Diese Assoziation ist so stark geworden, dass manche liberale, aber traditionsbewusste Menschen inzwischen befürchten, in Israel würden die symbolträchtigen Bräuche des Judentums auf eine Festmahlzeit bar jeder Bedeutung jenseits ihres Kaloriengehalts reduziert. In Tel Aviv habe man die Bedeutung der Bräuche vergessen, bedeute das Wochenfest Schawuot nur noch Käsekuchen, das Hannukka-Fest nur noch Berliner zu essen, meinen sie. Dabei haben die traditionellen jüdischen Feste und ihre Speisen tiefe historische Wurzeln und eine wichtige Symbolik.

❖

Die meisten jüdischen Feiertage stehen in Beziehung zum natürlichen Jahreszyklus im Land Israel. Der Kalender beginnt bei Juden im Herbst mit dem Neujahrstag Rosh Hashana und dem Versöhnungstag Jom Kippur. Kurz bevor der Winterregen die Blätter der staubbedeckten Bäume reinwäscht, erhalten auch Menschen die Chance für einen sauberen Neuanfang. Am Versöhnungstag Jom Kippur verzeiht Gott reuigen Menschen ihre Sünden und gibt ihnen die Gelegenheit, fortan alles besser zu machen. Zuvor sind Juden dazu angehalten, unter- und miteinander Frieden zu schließen, sich bei ihren Mitmenschen zu entschuldigen und einander zu verzeihen. Kulinarisch verleiht man an den »hohen Feiertagen« diesen frommen Wünschen Biss. So ist es Brauch, einen Granatapfel zu essen, Ausdruck dafür, dass man im kommenden Jahr so viele gute Taten begehen will, wie dieser Kerne enthält. Zusätzlich tunkt man einen knackigen Apfel in Honig, Symbol dafür, dass das neue Jahr süß werden möge. In manchen Häusern reicht man Lunge, die die Hoffnung verkörpert, dass man fortan nur mehr Sünden begehe, die so »leicht sind wie Luft«. Jom Kippur, den heiligsten Tag im jüdischen Kalender, kann man kulinarisch getrost überspringen, weil er ein Fasttag ist. Er mündet in das Laubhüttenfest Sukkot, eines der wenigen Feste, für die es keine traditionelle Speise gibt. Dafür ist es Brauch, alle Mahlzeiten in der Laubhütte einzunehmen. Sukkot endet mit Simchat Tora, dem Freudenfest der Juden darüber, dass sie von Gott die Heilige Schrift erhalten haben.

❖

Der nächste Feiertag und sein Gericht haben einen direkten Bezug zu geschichtlichen Ereignissen. In etwa zu der Zeit, in der Christen im dunklen Winter zu Weihnachten ihre Christbäume mit Lämpchen oder Kerzen schmücken, feiern auch Juden ihr Lichterfest Hannukka, was man mit »Einweihung« übersetzen kann. Die Geschichte von Hannukka reicht rund 2 200 Jahre zurück. Damals wurde der Tempel in Jerusalem von den griechischen Besatzern entweiht, was einen Volksaufstand der Juden auslöste. Als man das heilige Haus zurückerobert hatte und wieder einweihen wollte, fand sich aber nur genug Öl, um die Leuchter im Tempel einen Tag lang zu betreiben. Man benötigte jedoch acht Tage, um neues geweihtes Öl für die Leuchter herzustellen. Laut der Überlieferung ließ Gott ein Wunder geschehen: Acht Tage lang brannten die Leuchter trotz des akuten Ölmangels, genau genug Zeit, um neues Öl herzustellen. Heute gedenken Juden dieses Wunders, indem sie acht Tage lang Kerzen anzünden und Dinge essen, die möglichst viel Öl enthalten. So werden zu dieser Zeit gebratene Kartoffelpuffer, die »Lattkes« heißen, oder frittierte Berliner serviert, die hier den Namen »Sufganiot« tragen. Längst begnügen die Israelis sich nicht mehr mit Erdbeermarmelade als Füllung, und so werden Sufganiot inzwischen mit Schokolade, Dulce de Lece oder Champagnercreme gefüllt und glaciert und haben pro Stück an die 500 Kalorien. Israelische Tageszeitungen und Magazine halten daher zu den Feiertagen zahlreiche Diättipps parat.

❖

Tu Bi Schwat, der 15. Tag des Mondmonats Schwat, gibt dafür im Frühling Gelegenheit, sich körperlich in der Natur zu betätigen. Es markiert das Ende der Regenzeit im Heiligen Land und somit den Beginn der Saat. Tu Bi Schwat ist ein durch und durch fröhlicher Tag, an dem man weder fasten noch Trauerreden halten darf. In Israel heißt dieser Tag auch das »Neujahr der Bäume«, denn hier ist es heute Brauch, an diesem Tag Bäume zu pflanzen. Auf diese Weise wurden in Israel seit 1901 mehr als 240 Millionen Bäume gepflanzt und machten es so zum einzigen Land auf der Welt, in dem zu Beginn des neuen Jahrtausends mehr Wälder standen als im Jahrhundert davor. Zudem ist es üblich, zu Tu Bi Schwat eine Frucht zu essen, die man in diesem Jahr noch nicht verspeist hat. Oder noch besser: einen ganzen, möglichst bunten Fruchtsalat, als Hommage an die natürliche Vielfalt der Natur.

❖

Der »jüdische Karneval« – das Purim-Fest – scheint wie der Prototyp des oben erwähnten jüdischen Witzes. Juden feiern an diesem Tag den Umstand, dass es ihnen gelang, einen Holocaust in der persischen Diaspora zu verhindern. Laut dem Buch Esther plante nämlich Haman, der engste Berater des persischen Königs, alle Juden im Reich ermorden zu lassen. Stattdessen wurde sein Komplott von einer Jüdin am Hof aufgedeckt und vereitelt, und Haman und seine Söhne wurden gehängt. Juden sind an diesem Tag angehalten, so viel Alkohol zu konsumieren, bis sie beim Vorlesen des Buches Esther nicht mehr zwischen Haman und dem jüdischen Helden der Geschichte Mordechai unterscheiden können. Man verkleidet sich, schenkt Bekannten Teller voll mit Süßigkeiten und isst Hammantaschen – mit Mohn gefüllte Teigdreiecke.

❖

Auf Purim folgt in etwa zu Ostern Passah, das an den Auszug aus Ägypten, die Befreiung aus der Sklaverei und die Volkswerdung Israels erinnert. Rein kulinarisch sticht Passah besonders hervor: »Es ist bei Weitem das aufwendigste Fest«, sagt auch Tom. »Hier sind die Herausforderungen der Kaschrut noch größer, weil die Regeln hier noch strenger sind.« Zu Passah darf nichts verspeist werden, was gesäuert ist oder Mehl enthält, also nicht nur Brot und Bier, sondern auch Nudeln oder Teigwaren jeder Art. Diese Regel ist so streng, dass ein traditioneller jüdischer Haushalt noch nicht einmal im Besitz solcher Lebensmittel sein darf. Der Frühjahrsputz könnte so in den Vorbereitungen für Passah, in denen hinter jedem Möbelstück und in jeder noch so versteckten Ecke des Hauses nach den verbotenen Krümeln gesucht wird, seinen Ursprung haben. Der Staat Israel verkauft kurz vor dem Feiertag jedes Jahr seinen gesamten Mehlbestand an einen Araber aus dem Dorf Abu Gosh, nur um ihn nach dem Fest wieder zurückzuerhalten. Das berühmteste Nahrungsmittel der acht Passah-Tage ist die Matze. Es soll daran erinnern, dass Juden nicht genug Zeit hatten, ihr Brot zu backen, als sie Ägypten verließen. Matzen sind also Brotteig, der nicht länger als 18 Minuten gärte. Zu Passah leiten sich viele Gerichte von dieser Zutat oder dem aus geriebenen Matzen erzeugten Matzemehl ab. Passah beginnt mit dem Seder-Abend, der Christen als das letzte Abendmahl Jesu bekannt ist. Es ist eine gewaltige Mahlzeit, die im erweiterten Familienkreis gefeiert wird und bei der mindestens vier Gläser Wein getrunken werden sollen – was zur heiteren Atmosphäre beiträgt. Juden essen an diesem Abend immer auch ein hart gekochtes Ei, das viele symbolische Bedeutungen hat. Viele sehen in ihm eine Allegorie zum jüdischen Volk: Genau wie das Ei als einziges Nahrungsmittel härter wird, je länger man es kocht, so hielten auch die Juden immer hartnäckiger an ihrem Glauben fest, je brutaler man sie unterdrückte.

❖

Sieben Wochen später, wenn Christen in etwa Pfingsten begehen, feiern Juden das Wochenfest Schawuoth, mit Passah und Sukkot eines der drei Wallfahrtsfeste, zu denen man vor 2 000 Jahren nach Jerusalem pilgerte. Für gläubige Juden kennzeichnet Schawuot das Datum, an dem das jüdische Volk am Berg Sinai von Gott die Zehn Gebote erhielt, also den Beginn der jüdischen Tradition, wie man sie heute kennt. Besonders in den Kibbuzim feiert man Schawuot aber eher als jüdisches Erntedankfest, an dem man die Erstfrüchte des Jahres zur Schau stellt und verspeist. Heute ist es Brauch, an diesem Fest möglichst viele Milchprodukte zu verspeisen, insbesondere Käsekuchen. Denn die Thora wird mit der Milch verglichen, die die Kinder Gottes, sprich das jüdische Volk, so begierig aufnehmen wie ein Säugling.

❖

Toms Lieblingsfeiertag ist zugleich der urjüdischste und wichtigste Feiertag, der Schabbat, was gleichzeitig recht praktisch ist, schließlich feiert man Schabbat doch jedes Wochenende von Freitag- bis Samstagabend. »Schabbat ist so besonders, weil er die Woche krönt, die fast in jeder Kultur Akzeptanz hat und den Arbeitsrhythmus der Menschen regelt. ist. Normalerweise bestimmen natürliche Zyklen unser Leben: Das Jahr entspringt der Erdumkreisung rund um die Sonne, der Monat nimmt Bezug zu den Mondphasen, der Tag ist Resultat der Erdumdrehung. Nur der Wochenzyklus ist in der Natur nicht vorhanden, dennoch bestimmt die Woche unser Leben. Das ist für mich ein göttlicher Zyklus«, begründet Tom seine Wahl. Tatsächlich war der jüdische Ruhetag Schabbat schon in der Antike ein einzigartiges Merkmal des jüdischen Volkes, ein Brauch, der bei Nichtjuden nicht selten Befremdung auslöste, bis er letztlich vom Christentum kopiert und auf Sonntag verschoben wurde. Der Schabbat ist als Ruhetag gedacht, als »eine zeitliche Exklave, ein göttliches Refugium vor dem Alltagsstress, ein Zeitraum mit anderen Regeln. Man könnte sagen, eine 25 Stunden lange Meditation«, sagt Tom. Diese Auszeit ist in Israel auch im öffentlichen Raum deutlich spürbar. Selbst in der Vergnügungsmetropole Tel Aviv lässt der Autolärm in den Straßen bedeutend nach, in denen stattdessen das Geräusch klappernden Geschirrs und die Schabbatgesänge jüdischer Familien widerhallen.

❖

Zwei Gerichte sind für den Schabbat typisch. der Tschulent und die Challa. Da das Anzünden eines Feuers am Schabbat verboten ist, kochen traditionelle Familien bereits einen Tschulent, einen Eintopf, der über Nacht bei niedriger Hitze köchelt. In Israels Treppenhäusern beginnt dann schon Freitagabend ein olfaktorischer Wettkampf. Schwaden appetitanregender Gerüche wehen unter den Wohnungstüren hervor und duften um die Wette. Wehe der Familie, die keinen Tschulent vorbereitet und stundenlang das Aroma aus den Nachbarwohnungen einatmen muss, ohne sich selber Samstag Mittag auf die Köstlichkeit stürzen zu können! Für Tschulent, wie er hauptsächlich in Osteuropa genannt wird, gibt es nicht ein Rezept, sondern unzählige. Jede jüdische Ethnie hat ihre eigene Kochanleitung und sogar einen eigenen Namen für »ihren« Tschulent, doch selbst innerhalb einer Familie variiert das Gericht von Woche zu Woche. Tom beschreibt die Herstellung eines Tschulents als »meditatives Kochen«. »Da gibt es keine genauen Mengen, sondern es kommt hinein, was die Eingebung vorgibt, in intuitiven Mengen. Es schmeckt jedes Mal anders«, sagt Tom. Er liebt an Tschulent nicht nur den Geschmack: »Es ist das ultimative Slow Food. Denn man kocht es nicht nur über Nacht, sondern nimmt sich auch die Zeit, es genüsslich und voller Ruhe zu essen. So symbolisiert es die Schabbatruhe gleich mehrfach.«

❖

Die Challa, ein geflochtener Hefezopf, darf auf keinem Festtagstisch fehlen, auch nicht am Schabbat. Das Brot erinnert an die Opfergabe für die Priester im Tempel. Bis heute trennen religiöse Frauen beim Backen ein Stück vom Teig ab und verbrennen es symbolisch. Am Schabbat sollen Juden mindestens drei Mahlzeiten zu sich nehmen. Ein Essen gilt aber erst als Mahlzeit, wenn dabei auch mindestens ein »olivengroßes Stück Brot«, so die Rabbiner, verzehrt wird. Also beginnt jedes Schabbatessen mit einem Segensspruch über Wein und Brot. Auf dem Tisch traditioneller Juden findet man freitags sogar zwei Challot (so die Mehrzahl). Die Doppelung soll daran erinnern, dass während der vierzig Jahre langen Wanderung durch die Wüste freitags eine doppelte Portion Manna vom Himmel fiel, damit Juden auch auf der Wanderschaft am Schabbat ruhen konnten. Auch heutzutage möchte man sich nach einem guten Schabbatmahl am liebsten einen ganzen Tag ausruhen – nicht selten, weil man während der Mahlzeit einfach zu viel von den köstlichen Challot gegessen hat. »Wenn auf dem Schabbattisch eine gute Challa mit Olivenöl und Salz steht, kann ich auf alles andere verzichten«, sagt selbst der Masterchef. »Die besten Challot, die ich kenne, macht meine Frau. Wenn am Freitag Morgen der Teig beginnt zu gehen und später der unwiderstehliche Geruch der frischen Brote durch die Wohnung zieht, dann weiß man, wofür man die ganze Woche gearbeitet hat.«

Marokkanischer Fleischtopf

Als ich beim »Masterchef«-Wettbewerb das Finale erreichte, bat man uns, unseren Mitstreitern persönlich ein Gericht zu widmen. Da ich für Jackie, die aus einer marokkanischen Familie stammt, kochen sollte, wollte ich sie mit einem typisch marokkanischen Gericht überraschen, von dem eigentlich nicht zu erwarten war, dass ich es kochen könne, noch dass ich es überhaupt kennen würde. Ich hörte mich um und ließ mir von dem großartigen israelisch-marokkanischen Koch Charlie Fadida ein Rezept geben.

Das Originalgericht heißt eigentlich Kalbskopf-Tajine. Es wird also, wie der Name sagt, Fleisch vom Kalbskopf – und zwar die Bäckchen – verwendet und in einer Tajine viele, viele Stunden gekocht und auch serviert. Ich habe das Gericht umgewandelt in meine Version eines Marokkanischen Eintopfs und schlage vor, der Einfachheit halber ein schönes Stück Rindfleisch von der Oberschale oder Schulter, das sich auch für Gulasch eignet, zu verwenden. Wer keine Tajine hat, benützt einen normalen breiten Kochtopf.

FÜR 4–6 PORTIONEN

1–1,5 kg Rindfleisch
80 ml Olivenöl
6 Knoblauchzehen, geschält
200 g Kichererbsen,
    über Nacht in Wasser
    eingeweicht
4 rote Paprikaschoten
4 EL Harissa (siehe Seite 21)
½ TL Kurkuma
½ TL Kreuzkümmel, gemahlen
2 Handvoll Korianderblätter
Salz und schwarzer Pfeffer
    aus der Mühle

Der Eintopf

◆ Das Fleisch in grobe Würfel schneiden. Die Hälfte des Olivenöls in einem großen Topf erhitzen, bis es anfängt zu rauchen. Das Fleisch 2–3 Minuten rundum kräftig anbraten. Die Knoblauchzehen im Ganzen hinzufügen und ebenfalls goldgelb anbraten. Die durch ein Sieb abgetropften Kichererbsen dazugeben. Nicht salzen! So viel Wasser angießen, dass alles knapp bedeckt ist. Den Topf zudecken und etwa 2 Stunden bei leichter Hitze köcheln lassen. Bei Bedarf gelegentlich Wasser nachgießen.

In der Zwischenzeit die Paprikaschoten putzen, dabei die Kerne und die weißen Trennwände entfernen. In 2 x 2 cm große Würfel schneiden. Das restliche Olivenöl erhitzen und die Paprikawürfel kräftig anbraten.

Sobald das Fleisch weich ist und die Kichererbsen noch leicht bissfest sind, die Paprikawürfel und das Harissa hinzufügen. Mit Kurkuma, Kreuzkümmel sowie Salz und Pfeffer würzen. Bei leichter Hitze offen weiterköcheln lassen, bis alle Flüssigkeit eingekocht ist. Am Ende sollen die Paprikas weich sein, und das Gericht soll eine sehr feuchte Konsistenz haben. Kurz vor Ende der Garzeit die Hälfte der Korianderblätter hinzufügen und umrühren.

Anrichten

◆ Den Eintopf auf die Teller geben. Vor dem Servieren die restlichen Korianderblätter darüberstreuen. ✳

ZACKENBARSCH in Chraime

Chraime ist ein ursprünglich nordafrikanisches Schmorpfannengericht, nach dem man wahrlich süchtig werden kann. Chraime wird in vielen israelischen – vorrangig sephardischen – Familien jede Woche zum Schabbat gekocht und mit dem traditionellen Challa-Brot gegessen, das man in die Sauce tunkt und mit dem man den Teller »sauber wischt«.
In vielen Familien ist es neuerdings üblich, das Gericht mit Viktoriabarsch zuzubereiten. Ich persönlich ziehe den Zackenbarsch vor. Aber offen gestanden, das Gericht schmeckt eigentlich mit jedem Fisch.

FÜR 4–6 PORTIONEN

4 rote Paprikaschoten
50 ml Olivenöl
4 Knoblauchzehen
1–2 rote Chilischoten
2 Tassen Korianderblätter
1 EL Paprika, edelsüß
1½ TL brauner Zucker
200 g Tomatenmark
1–1,5 kg Zackenbarschfilets
   ohne Haut
Salz und schwarzer Pfeffer
   aus der Mühle

◆ Die Paprikaschoten putzen, dabei die Kerne und die weißen Trennwände entfernen. In 1 ½ cm große Würfel schneiden. Das Öl in einer Pfanne mit hohem Rand erhitzen und die Paprikawürfel scharf anbraten. Sie sollen nicht weich werden, aber durch die Röststoffe sehr aromatisch werden.
Die Knoblauchzehen schälen und in hauchdünne Scheiben schneiden. Mit den Paprikawürfeln vermengen. Die Chilischote(n) aufschneiden und entkernen, in schmale Streifen schneiden und dazugeben. Unter Rühren weiterbraten.
Nun eine Tasse Korianderblätter dazugeben, anschließend nacheinander Paprika, Zucker und Tomatenmark.
Die Zackenbarschfilets in der Sauce wenden und so viel heißes Wasser angießen, dass die Filets in der Sauce baden. Mit Salz bestreuen und mit Pfeffer übermahlen. Die Sauce mit dem Fisch zum Kochen bringen. Sofort die Hitze reduzieren und das Ganze 15 Minuten bei leichter Hitze köcheln lassen. Das Chraime sollte nicht flüssig, sondern sämig sein.

☛ Wer es gerne scharf mag – und dieses Gericht soll scharf sein! –, schneidet die Chilischote in feine Scheiben, ohne sie zu entkernen. Wer hingegen lieber Vorsicht walten lässt, kann die Chilischoten auch weglassen.

Anrichten
◆ Eine Portion Sauce auf den Teller geben und ein Zackenbarschfilet darauflegen. Mit einigen Korianderblättern dekorieren. Dazu – siehe oben – Challa-Brot reichen. ✳

RINDERFILET
auf Auberginencreme mit Tomaten-Confit

Mit Rinderfilet, dem zartesten Teil vom Rind, kann man eigentlich nichts falsch machen. Wenn es dazu noch feine Beilagen gibt, hat man schon gewonnen.

FÜR 4 PORTIONEN

Für die Auberginencreme
3 Auberginen
1 Knoblauchzehe, zerdrückt
    und fein gehackt
Salz und schwarzer Pfeffer
    aus der Mühle
Olivenöl

Für die Kartoffeln
12 festkochende
    mittelgroße Kartoffeln,
    geschält
Salz
6–8 EL Olivenöl

Die Auberginencreme

◆ Den Backofen auf 220 °C Grillstufe vorheizen.
Die Auberginen mit einer Gabel rundherum einstechen und auf ein mit Backpapier ausgelegtes Backblech setzen. Im heißen Ofen 45 Minuten lang backen. Während des Backvorgangs die Auberginen einige Male wenden, so dass jede Seite die starke Oberhitze abbekommt. Die Haut der Auberginen ist nach dem Garvorgang schwarz, das Fruchtfleisch hingegen wunderbar weich.
Die Auberginen einige Minuten auskühlen lassen, dann mit einem Messer der Länge nach aufschneiden und das Fruchtfleisch herauslöffeln. Das Fruchtfleisch in einem Mixer oder mit dem Stabmixer zusammen mit dem Knoblauch, Salz und Pfeffer pürieren. Während des Pürierens nach und nach das Olivenöl angießen. Sobald die Creme schön glatt ist, ist die Menge an Öl genug. (Die Menge an Öl hängt davon ab, wie viel Flüssigkeit die Auberginen im Ofen verloren haben.)

Die Kartoffeln

◆ Die Kartoffeln in Salzwasser bissfest kochen. Das Olivenöl in einer Pfanne erhitzen, die Kartoffeln quer halbieren und rundum bräunen.

☛ Wenn man Gelegenheit hat, die Auberginen auf dem Grill zu garen, so ist das jedem Grillen im Backofen vorzuziehen. Die Auberginen erhalten dadurch ein rauchiges Aroma.

RINDERFILET
auf Auberginencreme
mit Tomaten-Confit

Für das Tomaten-Confit
4 reife Tomaten
Olivenöl
1 TL Thymianblättchen
Salz

Für das Rinderfilet
4 Rinderfilets à 250 g
6 EL Olivenöl
grobes Salz und schwarzer
    Pfeffer aus der Mühle

Das Tomaten-Confit

◆ Die Tomaten oben kreuzförmig einritzen und in kochendem Wasser 1–2 Minuten blanchieren. Anschließend in einer Schüssel mit kaltem Wasser (am besten mit Eiswürfeln) abschrecken. Die Schale abziehen, die Früchte vierteln und die Kerne entfernen.
Die Tomatenfilets in eine Pfanne legen und mit Olivenöl bedecken. Etwas salzen, die Thymianblättchen darüberstreuen und die Tomatenfilets bei sehr leichter Hitze einige Minuten im Öl schwenken. Nur einmal vorsichtig wenden. Sie sollen weder gebraten werden, noch sollen sie zerfallen. Die Pfanne vom Feuer nehmen und mit den Tomaten beiseitestellen.

Die Rinderfilets

◆ Die Rinderfilets etwa 1 Stunde vor der Zubereitung aus dem Kühlschrank nehmen und nebeneinanderlegen, damit sie gleichmäßig Zimmertemperatur annehmen.
Den Backofen auf 180 °C vorheizen.
Das Öl in einer großen Pfanne kräftig erhitzen. Die Rinderfilets mit je 1 Esslöffel Olivenöl einreiben und mit Salz und Pfeffer würzen.
Die Filets in die Pfanne legen (nicht mehr als zwei Stück auf einmal, um die Temperatur nicht zu sehr zu senken, was dazu führen würde, dass die Filets gekocht und nicht gebraten werden) und von beiden Seiten jeweils etwa 2 Minuten braten.
Ein Backblech mit Backpapier auslegen. Die Filets darauflegen und einige Minuten ruhen lassen – einerseits um die Temperatur im Innern auszugleichen, andererseits können sich so die Fleischsäfte innen auch gleichmäßig verteilen. Mit den übrigen Filets ebenso verfahren.
Die Filets auf dem Backblech in den Ofen schieben und 7–12 Minuten – je nach gewünschtem Garpunkt – fertig garen.

Anrichten

◆ 2–3 Esslöffel Auberginencreme auf dem Teller verstreichen. Darauf das Rinderfilet geben und obenauf vier Tomatenfilets, halb übereinandergelegt, platzieren. Die Kartoffelhälften »stehend« danebensetzen. ✳

RISOTTO mit Forellenfilet
auf Tomaten-Pfirsich-Sauce

FÜR 6 PORTIONEN

Für den Risotto

1 große Zwiebel, geschält
    und fein gehackt
1 EL Butter
30 ml Olivenöl
Salz und schwarzer Pfeffer
    aus der Mühle
500 g Ptitim
½ Glas Weißwein
2 Lorbeerblätter
4 Pimentkörner
300 ml Kokosmilch
200 g Sahne

Für die Sauce

8 reife Tomaten, halbiert
2 Pfirsiche, halbiert
8 EL Olivenöl
2 Knoblauchzehen, geschält
    und fein gehackt
50 g Ingwer, geschält
    und fein gehackt
Salz
50 g kalte Butter

Für den Fisch

6 Forellenfilets
5 EL Olivenöl
Salz und schwarzer Pfeffer
    aus der Mühle

Außerdem

8 Basilikumblätter

Beim »Masterchef«-Wettbewerb kam es immer wieder vor, dass ich mit einem mir unbekannten Produkt kochen sollte. Ein Auftrag lautete: Ptitim. Ptitim ist eine geröstete Nudelart und hat unter anderem die Form von Reis. Ich entschloss mich, demnach diese Ptitim wie Reis zu behandeln zu behandeln und einfach meiner Kreativität freien Lauf zu lassen. Hier ist das Ergebnis.

Der Risotto

◆ Die Butter und das Olivenöl erhitzen und die Zwiebeln zusammen mit 1 Teelöffel Salz glasig und weich dünsten. Kurz bevor die Zwiebeln beginnen, Farbe zu nehmen, die Ptitim hinzufügen und einige Minuten anschwitzen. Den Wein angießen und zur Hälfte einkochen lassen. Die Lorbeerblätter und die Pimentkörner hinzufügen und die Kokosmilch sowie 500 ml heißes Wasser angießen. Bei mittlerer Hitze unter gelegentlichem Rühren die Ptitim offen al dente kochen. Kurz vor Ende der Garzeit die Lorbeerblätter und die Pimentkörner entfernen, die Sahne zugeben und mit Salz und Pfeffer abschmecken.

Die Sauce

◆ Die Tomaten- und Pfirsichhälften auf der Schnittseite in einem breiten Topf in Olivenöl legen. Die übrigen Zutaten hinzufügen und bei leichter Hitze zugedeckt 1 ½ Stunden weich dünsten. Mit dem Stabmixer fein pürieren und mit Salz abschmecken. Vor dem Servieren die kalte Butter einmontieren.

Der Fisch

◆ Die Forellenfilets mit je einem ½ Esslöffel Olivenöl einreiben und mit Salz und Pfeffer würzen. 2 Esslöffel Olivenöl in einer großen beschichteten Pfanne erhitzen, bis es anfängt zu rauchen. Die Hälfte der Filets auf der Hautseite in die Pfanne legen und 2–3 Minuten braten. Die Filets wenden, die Hitze reduzieren und 2–3 Minuten fertig garen. Mit den übrigen Filets ebenso verfahren.

Anrichten

◆ Die Sauce als Spiegel auf dem Teller ausstreichen. Den Risotto daraufgeben und das Forellenfilet mit der Haut nach oben darauflegen. Mit einem Basilikumblatt dekorieren. ✴

SUPRÊME VOM HÄHNCHEN
in Estragonmarinade mit grünem Püree

Suprême bezeichnet eigentlich nichts anderes als eine einzelne Hähnchenbrust mit Haut, die mit dem Oberknochen des Flügels ausgelöst wurde. Wenn man keine Hähnchenbrust Suprême bekommt, lässt sich das Gericht auch mit einer normalen Hähnchenbrust mit Haut machen. Estragon, Honig und Senf verleihen dem Hähnchen eine besonders edle Note.

FÜR 4 PORTIONEN

Für Suprême vom Hähnchen
6 EL Olivenöl
4 Hähnchenbrüste Suprême
Salz und schwarzer Pfeffer
        aus der Mühle
2 EL Dijon-Senf, mittelscharf
2 EL Dijon-Senf, ganze Körner
2 EL Honig
1 kleine Handvoll
        Estragonblätter

Für das Püree
1 kg mehligkochende Kartoffeln,
        geschält und halbiert
1 Bund Basilikum
100 ml Olivenöl
2 Msp. frisch geriebene
        Muskatnuss
Salz

☛ *Das grüne Püree ist eine köstliche Beilage für Fleisch- und Fischgerichte jeglicher Art.*

Suprême vom Hähnchen

◆ Den Backofen auf 180 °C vorheizen.
3 Esslöffel Olivenöl in einer Pfanne erhitzen, bis es anfängt zu rauchen. Die Hähnchenbrüste von beiden Seiten mit Salz und Pfeffer würzen. Jeweils zwei Hähnchenbrüste auf der Hautseite 3–4 Minuten braten, bis die Haut schön knusprig ist. Wenden und die andere Seite 2–3 Minuten braten. Die Brüste aus der Pfanne nehmen und (nicht auf der Hautseite) auf einen Teller legen.
Die beiden Senfsorten, Honig und Estragon miteinander vermengen. Die Hähnchenbrüste einzeln in der Marinade wälzen, dabei darauf achten, dass die Estragonblätter an dem Fleisch haften bleiben.
Eine Backform mit Backpapier auslegen. Die Hähnchenbrüste in die Form nebeneinander (nicht auf der Hautseite!) legen und im heißen Ofen 10–15 Minuten garen.

Das Püree

◆ Die Kartoffeln in Salzwasser weich kochen. In der Zwischenzeit das Basilikum waschen und trocken schütteln. Die Blätter von den Stängeln zupfen und mit dem Olivenöl im Mixer fein pürieren. Wenn die Kartoffeln gar sind, das Wasser abgießen und die Kartoffeln stampfen oder durch die Kartoffelpresse drücken. Das Basilikumöl dazugießen und miteinander vermengen. Mit Muskat und Salz abschmecken.

Anrichten

◆ Die Hähnchenbrust neben das Püree auf den Teller geben und servieren. ✳

☛ *Für Knoblauchfans: Statt des Basilikumöls kann man auch 100 ml Öl vom Knoblauch-Confit und einige confierte Knoblauchzehen verwenden (siehe Seite 137).*

ZACKENBARSCH auf Jerusalem-Artischocken-Creme mit Petersilienöl

Zackenbarsch heißt auf Hebräisch »Lokus« und ist einer der beliebtesten und teuersten Salzwasserfische in Israel. Sein Fleisch wird bei der Zubereitung weiß und fest. Der Geschmack ist delikat und leicht süßlich.

Die Jerusalem-Artischocke hat außer ihrem Namen nicht viel mit Jerusalem zu tun, aber sie erfreut sich in ganz Israel großer Beliebtheit. Ursprünglich stammt die Sonnenblumenwurzel aus Nord- und Mittelamerika. Ihr richtiger Name ist Topinambur.

In Deutschland, in der Schweiz und in Österreich kann man sie im Handel unter unzähligen Namen finden. Mancherorts wird sie als Erdapfel bezeichnet, an anderen Orten trägt sie die Bezeichnung Erdbirne, Borbel, Erdsonnenblume, Erdtrüffel, Ewigkeitskartoffel, Indianerknolle. Der Geschmack der Jerusalem-Artischocke ist süßlich und erinnert an Artischockenböden. Man kann sie sowohl geschält roh in Salaten verwenden als auch in Salzwasser gekocht verzehren. Ich mag besonders gerne eine Creme aus gekochten Jerusalem-Artischocken. Ein besonderer Leckerbissen sind in der Pfanne langsam bis zur leichten Karamellisierung gebratene Jerusalem-Artischockenscheiben. Fisch passt prima dazu, aber auch mit einem schönen Steak harmonieren die Aromen wunderbar.

FÜR 6 PORTIONEN

Für die Creme
1 kg Jerusalem-Artischocken
200 g mehligkochende Kartoffeln
150 ml Olivenöl
Salz und schwarzer Pfeffer aus der Mühle
50 g Butter

Die Creme

◆ 800 g der Jerusalem-Artischocken und die Kartoffeln schälen. Salzwasser zum Kochen bringen und die Jerusalem-Artischocken und die Kartoffeln weich kochen. Anschließend das Wasser abgießen. Die Jerusalem-Artischocken und die Kartoffeln mit einem Stabmixer pürieren. Dabei 80 ml Olivenöl langsam einarbeiten und mit Salz und Pfeffer würzen.

Die restlichen Jerusalem-Artischocken in etwa ½ cm dicke Scheiben schneiden. Die Butter bei leichter Hitze zerlassen, das Gemüse ein wenig salzen und von beiden Seiten goldbraun braten.

ZACKENBARSCH auf
Jerusalem-Artischocken-Creme
mit Petersilienöl

Für das Petersilienöl
1 Bund Petersilie, gewaschen
und trocken geschüttelt
80 ml Olivenöl
¼ TL Salz

Für den Fisch
6 Zackenbarschfilets
50 ml Olivenöl
Salz und schwarzer Pfeffer
aus der Mühle

Das Petersilienöl

◆ Die Petersilienblätter von den Stängeln zupfen und im Mixer mit dem Olivenöl und dem Salz fein pürieren. Die Masse durch ein Sieb gießen und das grüne Öl auffangen.

Der Zackenbarsch

◆ Die Filets trocken tupfen, mit jeweils einem ½ Teelöffel Olivenöl einreiben und mit Salz und Pfeffer würzen. Die Hälfte des restlichen Öls in einer großen Pfanne erhitzen, bis es anfängt zu rauchen. 2–3 Filets in die Pfanne legen und, ohne sie zu bewegen, 3–4 Minuten braten. Anschließend die Filets umdrehen, die Hitze reduzieren und weitere 3 Minuten garen. Mit den übrigen Filets genauso verfahren.

Anrichten

◆ 4–6 Esslöffel von der Creme auf dem Teller ausstreichen und ein Zackenbarschfilet darauflegen. Eine Handvoll von den gebratenen Scheiben auf der Creme und daneben verteilen. Mit 1–2 Teelöffeln Petersilienöl beträufeln. ✳

☛ *Bereits gebratene Fischfilets immer mit der Hautseite nach oben legen, damit die Haut kross bleibt.*

MÖCHTE JEMAND EIN DESSERT?

QUARKBÄLLCHEN mit getrocknete Aprikosen in Gewürzsirup und Chantilly-Sahne

Dies ist ein Dessert der Superlative. Exorbitant lecker, und dazu macht es einen riesen Spaß, es zuzubereiten. Versuchen Sie es mal! Im Finale des »Masterchef«-Wettbewerbs wurde den letzten drei Wettbewerbern die Aufgabe gestellt, innerhalb von 2 ½ Stunden ein Drei-Gänge-Menü zu kreieren. Das war ja noch gerade hinzunehmen. Doch jeder Mitbewerber sollte für jeweils einen Gang die dominierende Zutat bestimmen. Salma brachte für die Vorspeise Kadayif (das sind dünne Teigfäden, die an Glasnudeln erinnern und auf dem Balkan und im Mittleren Osten besonders für ausgesprochen süße Desserts verwendet werden und mit denen ich – wen wird es überraschen? – noch nie gearbeitet hatte. Jackie brachte ein Huhn. Ich wählte getrocknete Aprikosen, Obst, dessen Farbe und intensives Aroma ich besonders liebe.

Nach der Bewertung der Juroren von Vor- und Hauptspeise sah es ganz so aus, als ob Salma und Jackie um Platz eins in der Endrunde kochen würden und ich Platz drei bekäme. Jedoch mein Dessert mit den getrockneten Aprikosen brachte mich zurück ins Rennen.

Die Aprikosen

◆ Alle Zutaten mit Ausnahme der Aprikosen in einen Topf geben und ohne zu rühren etwa 3 Minuten kochen lassen. Die Aprikosen hinzufügen und das Ganze 30 Minuten köcheln lassen. Den Topf vom Herd nehmen und abkühlen lassen.

FÜR ETWA 10 PORTIONEN

Für die Aprikosen
250 g Zucker
250 ml Wasser
1 Vanilleschote
2 Sternanise
1 Zimtstange
3 Kardamomkapseln
20 getrocknete Aprikosen

☛ *Die Aprikosen lassen sich gut am Vortag oder auf Vorrat vorbereiten. Je länger die Aprikosen im Gewürzsirup ziehen können, umso besser ist ihr Aroma.*

QUARKBÄLLCHEN mit
getrockneten Aprikosen
in Gewürzsirup und Chantilly-Sahne

Die Quarkbällchen

◆ Das Mehl in eine große Schüssel sieben. Quark, Zucker, Salz, Backpulver, Vanillezucker und die Eier dazugeben und das Ganze in der Küchenmaschine zu einem glatten Teig verarbeiten. Das Öl in einem Topf erhitzen. Den Topf so wählen, dass das Öl darin mindestens 7 cm hoch steht. Die perfekte Temperatur sind 170 °C.
Nun die Bällchen backen. Dafür den Teig mit zwei Esslöffeln formen und in das heiße Öl geben. Oder den Teig mit einem Spritzbeutel, in den man einfach unten eine etwa 3 cm große Öffnung schneidet, in walnussgroßen Portionen ins Fett geben. Das Zimtpulver mit dem Zucker im Teller vermischen und die Quarkbällchen darin wälzen, wenn man sie heiß mit einem Schaumlöffel aus dem Öl genommen hat.

Die Sahne

◆ Die Sahne mit dem Zucker und dem Vanilleextrakt in der Küchenmaschine oder mit dem Handrührgerät steif schlagen. Anschließend kalt stellen.

Anrichten

◆ Die Quarkbällchen so aufschneiden, ohne dass sich die zwei Hälften voneinander trennen. Eine Aprikose hineinstecken und 1 Teelöffel Chantilly-Sahne dazugeben. ✳

Keinesfalls zu viele Quarkbällchen auf einmal in das heiße Öl geben. Die Temperatur würde dadurch absinken. Die Bällchen müssen frei schwimmen können. Wenn man die Bällchen ins heiße Öl gibt, gehen sie zunächst unter, dann tauchen sie wieder auf. Die Quarkbällchen wenden sich freundlicherweise meist von selbst im Ölbad und werden, wenn alles richtig läuft, auch schön kugelrund. Sie sollten außen knusprig braun und innen weich und saftig sein. (Manche mögen es ja, wenn der Teig sogar noch einen Hauch roh ist. Ich zum Beispiel mag das so ...)

Für die Quarkbällchen
500 g Mehl
500 g Quark, Magerstufe
250 g Zucker
1 TL Salz
1 Päckchen Backpulver
1 Päckchen Vanillezucker
4 Eier
1–1,5 l Sonnenblumenöl
1 TL Zimtpulver
1 tiefer Teller mit Zucker

Für die Sahne
200 ml Sahne
2 EL Zucker
1 TL Vanilleextrakt

☞ Um zu vermeiden, dass die Chantilly-Sahne schmilzt, dürfen die Quarkbällchen nur noch leicht warm sein, wenn man sie füllt. Sind sie noch zu heiß, wird die Sahne flüssig.

GRIESSKUCHEN

FÜR EINE SPRINGFORM
MIT 26 CM DURCHMESSER

Als Kind habe ich den Grießbrei meiner Mutter heiß und innig geliebt. Grießkuchen hat meine Mutter aber nie gebacken. Als ich zu meiner großen Freude feststellte, dass in den einfachsten Konditoreien und in schönen Cafés in Israel häufig Grießkuchen angeboten wird, habe ich mir schließlich bei jeder Gelegenheit ein Stück gekauft. Eines Tages aß ich den für meinen Geschmack besten Grießkuchen in meinem (nicht nur deshalb) Lieblingscafé »Teenim« (hebr. Feigen) im Yemin-Moshe-Viertel in Jerusalem. Das Café befindet sich gegenüber dem Jaffator in der Altstadt. Ich fragte die Bedienung, ob es möglich wäre, das Rezept zu bekommen. Noch am selben Abend rief mich Patrick, der Besitzer des Cafés, an, um mir das Rezept zu verraten. Hier ist es.

Für den Teig

500 g Grieß
100 g Mehl
1 Päckchen Backpulver
¼ TL Salz
225 g brauner Zucker
20 g Bockshornkleesamen,
    2 Minuten gekocht und
    anschließend sorgfältig
    abgetropft
200 g Butter, in Würfel
    geschnitten,
    Zimmortomperatur
200 g saure Sahne
100 ml lauwarmes Wasser

Für den Sirup

Saft von 1 Zitrone
Saft von 1 Orange
150 ml Wasser
200 g brauner Zucker
3 EL Honig

Außerdem

3 EL Tahina für die Form

Für den Teig

◆ Den Backofen auf 170 °C vorheizen.
Grieß, Mehl, Backpulver, Salz, Zucker und Bockshornklee-samen in der Küchenmaschine verrühren. Die Butter, die saure Sahne und das Wasser hinzufügen und weiterrühren, bis ein glatter Teig entstanden ist.
Die Form mit Tahina auspinseln und den Teig einfüllen.
45–50 Minuten auf der mittleren Schiene backen.

Für den Sirup

◆ In der Zwischenzeit für den Sirup die genannten Zutaten 5 Minuten kochen lassen und beiseitestellen. Sobald der Kuchen fertig ist, die Form aus dem Ofen nehmen und 5 Minuten auskühlen lassen. Anschließend den Sirup in kleinen Mengen gleichmäßig über den heißen Kuchen gießen. Einziehen lassen und den Vorgang wiederholen, bis der gesamte Sirup aufgebraucht ist. Vor dem Anschneiden noch mindestens eine halbe Stunde ruhen lassen. ✳

VULKAN aus heißer Schokolade

Ich liebe Schokolade. Als ich noch jünger war und viel Sport machte, war es nicht weiter schlimm, wenn ich eine Tafel Schokolade in einem Rutsch verschlang. Heute muss ich da ein wenig vorsichtiger sein.

Ich mochte natürlich auch immer den Schokoladenkuchen, den meine Mutter backte. Dieser war zwar locker, aber doch nie so, wie ich mir das Innenleben eines Schokoladekuchens vorstellte: nämlich weich und feucht.

Als ich nach Israel kam, aß ich eines Tages in einem Café ein Schokoladen-Fondant. Und das war, neben vielen anderen Erlebnissen, die Bestätigung, am richtigen Ort angekommen zu sein. Dieser Schokoladenkuchen war innen nicht nur weich und feucht. Nein, ich brach ein Stück an, und es floss Schokolade heraus wie Lava aus dem Vulkan. Das war der Anfang einer großen, heißen Liebe, die nicht abkühlen will.

FÜR 6 PORTIONEN

175 g Bitterschokolade
    (70 % Kakaoanteil),
    in Stücke gebrochen
120 g Butter
2 Eier
2 Eigelb
100 g Zucker
1 Prise Salz
100 g Mehl

Zum Bestreuen
Puderzucker
    oder Kakaopulver

◆ Die Schokolade und die Butter in einem Kesselchen unter Rühren bei leichter Hitze schmelzen. Vom Herd nehmen und abkühlen lassen, bis die Schokoladenmasse nur noch lauwarm ist.

Den Backofen auf 180 °C vorheizen.

Eier, Eigelbe, Zucker und Salz in eine Rührschüssel geben. Die Schüssel auf einen Topf mit kochend heißem Wasser stellen und mit dem Handrührgerät auf mittlerer Stufe schlagen, bis die Masse etwas mehr als lauwarm ist und die Eimasse ungefähr das Doppelte ihres Volumens erreicht hat. Nun die Schokoladenmasse mit einem Teigschaber unter die Eimasse heben und anschließend langsam das Mehl hinzusieben. Dabei mit dem Teigschaber vorsichtig einarbeiten, bis eine homogene Masse entstanden ist.

Sechs Souffléformen auf einem Backblech bereitstellen und die Teigmasse gleichmäßig darin verteilen. Im heißen Ofen 8–12 Minuten backen.

Anrichten

◆ Den Kuchen behutsam mit einem Messer vom Formenrand lösen und vorsichtig auf einen Teller stürzen. Mit Puderzucker oder Kakaopulver bestäuben. Das Tüpfelchen auf dem i ist eine Kugel hochwertiges Vanilleeis als Begleitung. ✳

☛ Nach und nach bekommen Sie ein Gefühl dafür, wann die Schokoladenmasse noch flüssig ist. Mögen Sie den Teig lieber fester, dann lassen Sie die Form ein wenig länger im Ofen. Die Schokolade hat genau die richtige Konsistenz, wenn der Teig außen gebacken aussieht, jedoch in der Mitte sich eine kleine Fläche von nicht mehr als 1 cm bewegt, wenn man am Backblech rüttelt.

189

TAHINAKEKSE
mit Mandel

Tahinakekse sind ein Hochgenuss. Sie dürfen allerdings nicht zu dunkel sein, sondern gerade so, dass sie auch auf der Unterseite goldfarben sind. Tahinakekse sind herrlich leicht und mürbe. Fast jede Konditorei und jedes Café in Israel bieten sie an. Wie bei allem und überall gibt es auch hier viel Durchschnittliches und wenig außerordentlich Gutes. Ich habe mich durch Dutzende verschiedene Tahinakekse gegessen, um für Sie das beste Rezept zu finden.

ERGIBT 40 KEKSE

200 g weiche Butter
180 g Zucker
350 g Mehl
10 g Backpulver
200 g Tahina
1 TL Vanilleextrakt
1 verschlagenes Ei
40 Mandeln
   (alternativ halbe
   Pekannüsse)

◆ Den Backofen auf 170 °C vorheizen.
Die Butter und den Zucker mit einem Handrührgerät zu einer glatten Masse rühren. Die restlichen Zutaten einarbeiten, bis ein homogener, glatter Teig entstanden ist.
Ein Backblech mit Backpapier auslegen. Aus dem Teig flache Kugeln von etwa 3 cm Durchmesser formen und auf das Backblech legen. Darauf achten, dass sich zwischen den einzelnen Kugeln ein Abstand von 2 cm befindet. Die Kugeln mit dem verschlagenen Ei bepinseln und jeweils eine Mandel vorsichtig daraufdrücken. Im heißen Ofen etwa 20 Minuten backen, bis die Kekse goldbraun sind. Vollständig auskühlen lassen, bevor man sie vom Blech nimmt. Die Kekse halten sich in einer Dose aufbewahrt ungekühlt bis zu zwei Wochen. ✳

REISKUCHEN
mit Aprikosensirup

Durch den »Masterchef«-Wettbewerb wurde ich vielen Menschen in Israel bekannt. Sie verbinden meine Küche mit der deutschen oder gar europäischen. Ich habe der Jury Gerichte vorgesetzt, die manche zuletzt gegessen hatten, als sie auf Reisen irgendwo in Europa waren. Manche kannten das Gericht auch von ihrer Mutter, die seit vielen Jahren tot ist. Viele Menschen haben mich kontaktiert und um Rezepte gebeten, die sie seit Langem vermissen und bislang vergeblich gesucht hatten. Eine Bitte erreichte mich zu einem Reiskuchen. Ich selbst probierte daraufhin verschiedene Rezepte aus. Dieses ist das beste. Die Person, die danach fragte, hat das Rezept von mir bereits erhalten. Müßig, zu beschreiben, wie groß die Freude war.

FÜR 6 PORTIONEN

500 ml Milch
150 g Reis
Salz
4 EL Zucker
Zesten von 1 Biozitrone
3 Eier, getrennt
250 g Quark, Magerstufe
½ TL Vanilleextrakt
40 g Butter
2 EL Butterkeksbrösel
4 EL Aprikosensirup
    (siehe Seite 184)

☞ Wenn man dasselbe Handrührgerät wie für die Creme benutzt, die Rührhaken vorher sorgfältig spülen. Um Eiweiß steif zu schlagen, darf es nicht mit Fett in Berührung kommen. Eigelb enthält viel Fett.

◆ Die Milch mit dem Reis und einer Prise Salz aufkochen lassen und bei leichter Hitze etwa 15 Minuten köcheln lassen, bis der Reis breiig wird. Beiseitestellen.
2 Esslöffel Zucker mit den Zesten der Zitrone und den Eigelben mit dem Handrührgerät einige Minuten aufschlagen, bis eine helle, luftige Creme entsteht. Die Creme und den Quark unter den Milchreis heben. Den Vanilleextrakt einrühren. Die Eiweiße mit dem restlichen Zucker zu Eischnee schlagen und unter die Masse heben.
Den Backofen auf 180 °C vorheizen. Eine beschichtete Backform mit der Butter ausstreichen und mit den Butterkeksbröseln ausstreuen (man kann auch Paniermehl verwenden, aber mit gebröselten Keksen schmeckt es logischerweise besser). Im heißen Ofen 40–50 Minuten backen.

Anrichten

◆ Den Kuchen abkühlen lassen, auf eine Platte stürzen und mit dem Aprikosensirup beträufeln. ✳

KÄSEKUCHEN mit Schokolade

Das ist vielleicht ein Kuchen! Knuspriger Mürbeteig, darauf eine
ordentlich große leichte Käsemasse und darüber Schokoladenguss mit
einem Hauch von Honig und Meersalz.
Man braucht für die Herstellung allerdings etwas Geduld, weil man
immer wieder Kühlphasen einplanen muss. Aber es lohnt sich: Das ist
vermutlich der beste Käsekuchen, den ich jemals gegessen habe.

FÜR EINE SPRINGFORM MIT
26 CM DURCHMESSER

Für den Teig
100 g Butter, in Würfel
       geschnitten
60 g Puderzucker
½ TL Salz
2 Eigelb
140 g Mehl
1 Päckchen Backpulver

Für die Käsemasse
400 g Sahne
180 ml Milch (3,8 %)
80 g Zucker
80 g Puddingpulver (Instant)
500 g Quark, Magerstufe

Für den Schokoladenguss
125 g Sahne
100 g Zartbitterschokolade
       (70 % Kakaoanteil)
2 EL Honig
¼ TL Salz

Außerdem
Butter für die Form

Der Teig

◆ Butter, Puderzucker und Salz zu einer cremigen Masse schlagen.
Die Eigelbe dazugeben und das Ganze sorgfältig miteinander
vermengen. Das Mehl und das Backpulver hinzufügen und nun so
lange rühren, bis der Teig zu einer Kugel wird. Den Teig in Frischhaltefolie wickeln und 1 Stunde im Kühlschrank ruhen lassen.
Die Form mit Butter ausstreichen. Den Teig zu einer Scheibe in
Größe der Form ausrollen und in die Form legen, ohne einen Rand
zu formen. Für eine weitere halbe Stunde in den Kühlschrank
stellen.
Den Backofen auf 170 °C vorheizen und den Teig 20–25 Minuten
leicht goldbraun backen. Auskühlen lassen.

Die Käsemasse

◆ Die Sahne mit der Milch und dem Zucker zu weicher und cremi-
ger Schlagsahne schlagen. Das Puddingpulver dazugeben und zu
einer festeren Creme schlagen. Den Quark mit einem Teigschaber
unter die Masse heben und zu einer einheitlichen Masse verarbeiten.
Die Masse auf den ausgekühlten Teig in der Springform geben und
glatt streichen. 4–6 Stunden im Kühlschrank fest werden lassen,
bevor man die Masse mit dem Schokoladenguss überzieht.

Der Schokoladenguss

◆ Die Sahne zum Kochen bringen. Vom Herd nehmen, die Schoko-
lade in kleinen Stücken dazugeben und unter Rühren darin schmel-
zen lassen. Den Honig und das Salz hinzufügen und einrühren.
Auf Zimmertemperatur abkühlen lassen. Anschließend den Guss
gleichmäßig über die Käsemasse gießen und 2–3 Stunden im
Kühlschrank fest werden lassen.
Vorzugsweise bereitet man den Kuchen am Abend zu, um ihn über
Nacht im Kühlschrank ruhen zu lassen. ✳

ANANAS-Überraschung

Dieses Dessert ist ein Highlight. Ananashälften werden mit Baiser so überbacken, dass sie am Ende die Form und das Aussehen einer ganzen Ananas haben. Die Wahl der Früchte für die Füllung lässt sich dabei nach Belieben variieren. Man kann sogar Eis dazugeben.

FÜR 4–6 PORTIONEN

Für den Obstsalat
1 große Ananas
1 Kiwi
1 kleine Mango
1 Handvoll Erdbeeren,
    gewaschen und den
    Stiel und die Kelch-
    blätter entfernt
2 TL brauner Zucker
2 TL Rum

Für das Baiser
200 g feiner Zucker
4 Eiweiß
1 TL Vanilleextrakt

☛ *Das Gratinieren kann auch mit einem Bunsenbrenner geschehen. Aber auch damit muss man vorsichtig hantieren, um das Baiser nicht zu verbrennen.*

Der Obsalat

◆ Die Ananas der Länge nach halbieren, dabei auch den grünen Strunk der Länge nach durchschneiden. Aus den Ananashälften mit einem scharfen Obstmesser das Fruchtfleisch in großen Stücken herausschneiden, ohne die Schale von innen zu verletzen.
Die Kiwi und die Mango schälen. Das Fruchtfleisch der Ananas und das Obst in Würfel oder Scheiben schneiden. In eine Schüssel geben, die Erdbeeren hinzufügen und mit dem Zucker und dem Rum vermengen. Den Obstsalat 2 Stunden im Kühlschrank ziehen lassen. Die Ananashälften ebenfalls im Kühlschrank aufbewahren.

Das Baiser

◆ Die genannten Zutaten in einer Rührschüssel aus Glas oder Aluminium verrühren. Anschließend die Masse in einem Wasserbad oder in einer Bain-Marie 10–15 Minuten bei hoher Geschwindigkeit schlagen, bis sich Schaumspitzen bilden. Den Topf oder die Bain-Marie vom Herd nehmen und so lange weiterschlagen, bis die Masse abgekühlt ist. In einen Spritzbeutel mit Sterntülle füllen.

Fertigstellung

◆ Den Backofen auf 190 °C vorheizen. Die Ananashälften mit dem Obstsalat füllen. Mit dem Baiser auffüllen und darauf Baiserspitzen so nebeneinandersetzen, dass die Form einer ganzen (liegenden) Ananas entsteht. Die Ananashälften auf einem Blech in den heißen Ofen schieben und 10–15 Minuten backen. Zum Schluss kurz auf Grillfunktion schalten, damit das Baiser eine schöne bräunliche Farbe erhält. Aber Vorsicht! Genau im Blick behalten, Baiser verbrennt leicht.

Anrichten

◆ Die Ananashälften in einer großen Schale auf den Tisch stellen. Jeweils eine Kugel Vanilleeis auf einen Teller geben. Die Ananas-Überraschung mit einem Löffel anbrechen und auf das Eis geben. ✳

FILOZIGARREN
mit Nussfüllung auf Halva-Parfait

Das ist ein Dessert, das für mich alle Aromen in sich vereinigt, die ich in Israel kennen- und lieben gelernt habe. Die heißen, knusprigen Zigarren schmelzen im eiskalten, cremigen Halva-Parfait.
Halva ist eine Spezialität, die ursprünglich aus Indien und Zentralasien stammt und in Israel zu den üblichen Süßwaren zählt. Halva ist mit weißem Nougat verwandt. Freunden, die es nicht kennen, sage ich immer, dass es Marzipan aus Tahina ist. Auch wenn damit nicht erklärt ist, wie Halva hergestellt wird, so kann man sich doch eine Vorstellung davon machen, wie es schmeckt. Einfach umwerfend!
In Deutschland kann man Halva auch in türkischen Lebensmittel- geschäften unter dem Namen Helva kaufen.

FÜR 6 PORTIONEN

Für das Halva-Parfait
200 g Sahne
80 g Zucker
6 Eigelb
2 EL Amaretto
150 g Halva,
    fein zerbröckelt
50 Pistazien, grob
    gehackt

Das Halva-Parfait

◆ Die Sahne schlagen und mit Klarsichtfolie abgedeckt in den Kühlschrank stellen.
Den Zucker, die Eigelbe und den Amaretto in einer Edelstahl- schüssel in einem Wasserbad oder in einer Bain-Marie mit dem Handrührgerät aufschlagen, bis eine helle Schaummasse entstanden ist. Vom Herd nehmen und das Halva bis auf 1 Esslöffel hinzufügen. Mit dem Handmixer 10–15 Minuten schlagen, bis die Masse auf Zimmertemperatur abgekühlt ist. Die Schlagsahne vorsichtig unter diese Mischung heben, bis eine homogene Masse entstanden ist. Das restliche Halva und die Pistazien unterheben und in einem verschließbaren Gefäß über Nacht ins Tiefkühlfach stellen.

☞ *Filoteig gibt es in manchen normalen Supermärkten gefroren oder im türkischen Lebensmittelgeschäft unter dem Namen »Yufka« oder in einem griechischen Lebensmittelladen als »Fyllo«. Es gibt runde und rechteckige Filoteige. Mit beiden kann man gleich gut arbeiten. Es gibt auch unterschiedliche Größen. Für eine Zigarre braucht man ein Rechteck von etwa 20 x 15 cm oder ein Stück aus einem runden Filoteig, das sich zu einer 10–12 cm langen Zigarre zusammenrollen lässt.*

199

Für die Zigarren

50 g Mandeln, zerstoßen

50 g Walnüsse, zerstoßen

50 g Pistazien, zerstoßen

50 g getrocknete Feigen

100 g Medjoul-Datteln
(besonders fleischige
Datteln)

½ TL Zimtpulver

¼ TL Kardamom,
gemahlen

3 EL Rotwein

3 EL Honig

6 Filoteigblätter

☞ *Der Filoteig soll nicht mehr als 5 cm über der Füllung überstehen. Falls dies doch der Fall ist, den Überstand mit einem scharfen Messer über die ganze Länge abschneiden.*

☞ *Filoteig trocknet sehr schnell aus und bricht dann beim Verarbeiten. Daher den Teig nie offen stehen lassen, sondern immer mit einem leicht feuchten Tuch bedecken und zügig verarbeiten.*

Die Zigarren

◆ Den Backofen auf 200 °C vorheizen.

Für die Füllung die Nüsse in einer Pfanne 10 Minuten ohne Fett bei leichter Hitze und unter Rühren rösten. Vom Herd nehmen und auskühlen lassen.

Die Feigen und die Datteln in möglichst kleine Würfel schneiden. Anschließend alle Zutaten in einer Schüssel zu einer gleichmäßigen Masse kneten.

Ein Teigrechteck mit der längeren Kantenseite vor sich auf eine Arbeitsfläche legen (falls der Filoteig rund ist, erübrigt sich das natürlich) und mit der Butter einpinseln. Aus einem Sechstel der Füllmasse eine 10–12 cm lange Rolle formen und mittig auf die zugewandte Außenkante legen. Den Teig mit der Füllung eng zu etwa einem Drittel aufrollen, von beiden Seiten über die Füllung schlagen und den Teig zu einer geschlossenen Zigarre bis zum Ende aufrollen. Den letzten Zentimeter noch einmal mit der Butter einpinseln und mit dem Teigende nach unten auf ein gefettetes Backblech legen. Im heißen Ofen 10–15 Minuten goldbraun backen. Mit dem Rest ebenso verfahren.

Anrichten

◆ Eine Kugel Parfait auf einen Teller geben und daneben eine Filozigarre legen. ✳

Die neue israelische Küche

Israel ist ein Einwandererstaat, der seit seiner Gründung Menschen aus mehr als sechzig verschiedenen Ländern aufgenommen hat. Doch im Gegensatz zu anderen Staaten, in denen Migranten ihr Dasein oft in abgetrennten Wohnvierteln fristen, leben Israelis nicht nur nebeneinander, sondern sind ein Volk. Nach 2000 Jahren Diaspora kamen sie aus allen Kontinenten hierher zurück, mit unterschiedlichen Kulturen. Aber heute sprechen sie dieselbe Sprache, haben dieselbe Religion, dieselben Wurzeln und heiraten untereinander. Durch diese Verschmelzung entstand hier eine Fusion Cuisine par excellence.

❖

Es ist noch gar nicht so lange her, da ließ Israels Gastronomie einiges zu wünschen übrig. Noch vor zwanzig Jahren vegetierte Israel in einer kulinarischen Steinzeit. »Israelis dachten, dass man nur isst, um zu überleben«, beschrieb der inzwischen verstorbene Restaurantkritiker Daniel Rogov die genügsame Vergangenheit. Doch dann begann die kulinarische Revolution: »Israel muss sich hinter niemand mehr verstecken: Unsere Restaurants haben das Niveau von New York, Paris und London erreicht«, meinte Rogov, der seine differenzierten Geschmacksknospen einst dem Le Monde oder der New York Times zur Verfügung stellte.

❖

Überwiegend junge Köche nehmen klassische Ideen auf und verleihen ihnen mit typisch israelischer Unverfrorenheit einen lokalen Twist. Oft erhalten Gerichte wegen des heißen Klimas einen gesunden mediterranen Drall: Sahne oder Butter werden durch Olivenöl, Fleisch durch Fisch ersetzt. Eine deftige Portion Gemüse darf nie auf dem Tisch fehlen. Für Vegetarier ist Israel ein kulinarisches Paradies. Dazu nehmen die Einflüsse zahlreicher anderer Kulturen Einzug in die gewagten Rezepte – und bringen so etwas völlig Neues hervor. Ein Tel Aviver Restaurant serviert beispielsweise eine eigenwillige Tarte Tatin, mit karamellisierten Tomaten, Ziegenkäse und Trüffelpüree. Ein anderes »typisch israelisches« Gericht ist das Halva-Parfait. Die Zutaten sind nahöstlich – gesüßte Tahina, die Herstellungsmethode hingegen entspringt französischem Einfluss – das Parfait.

❖

Israelis mögen starke Aromen, sie lieben ihre traditionellen Gewürze, bleiben aber stets für Neues offen. Als Beispiel könnte dafür Israels Lieblingsnachtisch stehen: der inzwischen allgegenwärtige heiße Schokoladenvulkan, der mit einer langsam vor sich hinschmelzenden Kugel Vanilleeis serviert wird. Die Hitze intensiviert das Aroma, das Eis bietet einen erfrischenden Kontrast zur flüssigen Schokolade, die aus dem Kern des Kuchens strömt, wenn dessen knusprige Kruste mit einem Löffel durchstoßen wird. Spätestens wenn einem dieser Geschmack auf der Zunge zergeht, wird aus dem Heiligen Land das Paradies.

SCHABBAT-FREUDE
Einfacher Kuchen mit Streusel

Bei uns zu Hause bin ich der Koch, und meine Frau ist die Konditorin und Bäckerin. Bevor wir ein Kind hatten, hat meine Frau ständig gebacken, und oft standen bei uns zum Schabbat drei frisch gebackene herrliche Kuchen auf dem Tisch. Nicht jeder Kuchen schaffte es, in ihr festes Repertoire aufgenommen zu werden, aber dieser einfache Kuchen ist eine Wucht. Er heißt bei uns nun Schabbat-Freude. Manchmal sind die einfachsten Dinge die besten.

FÜR EINE KASTENFORM
MIT 25 CM LÄNGE

50 g flüssige Butter
40 ml neutrales Öl
200 g Zucker
200 g Mehl
½ Päckchen Backpulver
200 g saure Sahne
2 Eier
½ TL Zimtpulver

◆ Den Backofen auf 180 °C (Umluft) vorheizen. Die Form mit etwas Butter einpinseln. Butter, Öl, Zucker, Mehl und Backpulver in einer Schüssel vermengen und mit dem Handrührgerät auf kleiner Stufe verrühren, bis ein bröckeliger Teig entstanden ist. 150 g des Teiges abnehmen und in eine andere Schüssel geben.

Die saure Sahne und die Eier mit dem Teig in der ersten Schüssel vermengen und mit dem Handrührgerät rühren, bis ein homogener, glatter Teig entstanden ist. In den Teig in der zweiten Schüssel das Zimtpulver einarbeiten und den Teig zu kleinen Streuseln zerreiben.

Den Teig in die Form geben und die Streusel darüber verteilen. Im heißen Ofen etwa 40 Minuten backen, bis der Kuchen fest und goldbraun ist. Den Kuchen vor dem Anschneiden auskühlen lassen. ✳

KARAMELLISIERTE Früchte auf gelbem Coulis mit Vanilleeis

Die Auswahl der Früchte für dieses Dessert ist eine Anregung. Je nach Saison und eigener Vorliebe kann das Rezept variiert werden. Wichtig ist allein, dass die Früchte reif und saftig sind. Ich spiele gerne mit Temperaturunterschieden, das steigert meiner Meinung nach das Geschmackserlebnis. Hier treffen drei Temperaturen aufeinander: Das Coulis hat Zimmertemperatur, die Früchte sind heiß, und das Eis ist kalt.

FÜR 4–6 PORTIONEN

2 Pfirsiche
1 Nektarine
2 Bananen
1 Apfel
2 Birnen
1 Kiwi
1 Scharonfrucht
3 Orangen
100 g Zucker
100 g Butter
400 g Vanilleeis

☛ *Wird die Pfanne zu heiß oder droht der Karamell zu verbrennen, die Pfanne rasch auf eine kalte (hitzebeständige) Fläche oder in ein Wasserbad stellen, um die Temperatur zu senken.*

Das Coulis

◆ Mit Ausnahme der Bananen, der Kiwi und der Zitrusfrüchte alle Früchte sorgfältig waschen und trocken tupfen. Einen Pfirsich und die Nektarine entkernen. Die Banane schälen. Den Saft der Orangen auspressen. Die Früchte in einen Mixer oder in ein hohes Gefäß für den Stabmixer geben und pürieren. Sollte der Brei zu kompakt sein, etwas Orangensaft hinzufügen. Die Konsistenz sollte etwas flüssiger als Babybrei sein.

Die karamellisierten Früchte

◆ Den Zucker in einer großen Pfanne schmelzen lassen. Sobald er anfängt, braun zu werden, die Butter zugeben und 2–3 Minuten unter ständigem Rühren karamellisieren. Aufpassen, dass die Masse nicht zu dunkel wird. Wenn die richtige Farbe erreicht ist, so viel Orangensaft hinzufügen, dass sich der Karamell in dem Saft auflöst. Anschließend die übrigen Früchte in große Stücke schneiden und in eine Pfanne legen. Bei leichter Hitze die Fruchtstücke von allen Seiten erhitzen und mit dem Karamellsirup überziehen. Nach Bedarf Orangensaft hinzufügen.

Anrichten

◆ Eine Portion Coulis in einen tiefen Teller geben und darauf einige karamellisierte Früchte verteilen. Dazwischen eine große Kugel Vanilleeis legen. Mit einem Löffel den Karamellsirup aus der Pfanne aufnehmen und die Früchte und das Eis damit überziehen. ✳

Rezeptregister

Dieses Buch wäre nicht entstanden ohne die Mithilfe vieler lieber Menschen und Freunde. Zuallererst gilt mein besonderer Dank Ria Lottermoser und ihrem Team für die wunderbare Idee und die professionelle Durchführung dieses Projekts. Ich danke meinem Freund Gil Yaron, der seine professionelle Feder und sein schier unendliches Wissen über Israel in den Dienst meines Buches gestellt hat. Mit dem Fotografen Dan Peretz und dem Stylisten Amit Farber haben zwei der größten Talente Israels der Foodfotografie und Freunde meiner Frau und mir dafür gesorgt, dass mein Essen nicht nur gut schmeckt, sondern auch so präsentiert wird. Dan und Amit, Danke für eure tolle Arbeit! Und ich danke dem AT Verlag mit seinem Verleger Urs Hunziker, der sich voller Überzeugung dem Projekt gewidmet hat.

Viele Menschen haben uns bei der Produktion des Buches unterstützt. Ihnen sprechen wir unseren Dank aus. Insbesondere danken wir: Adi Nissani, Artisan Tableware, adinissani.com; Yaara Nir Kachlon, Ceramic Designs, www.studioyaara.co.il; Sigal Melamed Haims, Make-up; Rami Sattal, CEO Hemed Kitchens & More; Anna & Karen, Interior Design; Dan Fish Farms; Zion Mark, Produktionsassistenz.

Bildnachweis: Seite 8–9, 12–13, 14 Dana Franz; Seite 15 Haim Afriat; alle übrigen Fotos Dan Peretz

Dan Peretz ist einer der besten Foodfotografen in Israel. Seine Bilder erscheinen in den renommiertesten Foodzeitschriften und -magazinen. Zusammen mit dem Stylisten Amit Farber arbeitet er für die Küchenchefs der angesehensten Restaurants in Israel und für viele Agenturen und Firmen im Bereich der Werbung. www.danp.co.il

Dr. Gil Yaron, Arzt und Journalist, wurde in Haifa (Israel) geboren. Er verbrachte seine Jugend in Deutschland, studierte in Israel und in den USA. Er ist Autor zahlreicher Bücher zum Thema Nahost und ist Nahost-Korrespondent für zahlreiche deutschsprachige Zeitungen, Rundfunk- und Fernsehsender. www.gilyaron.com

3. Auflage, 2016

© 2013
AT Verlag, Aarau und München
Lektorat: Ria Lottermoser
Idee, Konzeption und Realisation: Ria Lottermoser
Visuelle Gesamtgestaltung:
Büro Jorge Schmidt, München
Foodstyling: Amit Farber
Satz und Layout: Elisabeth Petersen, München
Druck und Bindearbeiten: Printer Trento, Trento
Printed in Italy

ISBN 978-3-03800-781-4

www.at-verlag.ch